비주얼 씽킹

일 잘하는 사람들이 쓰는
간단한 표현의 기술

씽킹 VISUAL THINKING

비주얼 씽킹

일 잘하는 사람들이 쓰는
간단한 표현의 기술

초판 1쇄 인쇄 2020년 1월 10일
초판 1쇄 발행 2020년 1월 20일

지은이 빌레민 브란트
옮긴이 홍주연
펴낸이 송주영
펴낸곳 (주)북센스
편집 장정민 양선화 김하영
디자인 정지연 박세나
마케팅 오영일
출판등록 2019년 6월 21일 제2019-000061호
주소 서울시 은평구 통일로684 서울혁신파크 미래청 401호
전화 02-3142-3044
팩스 0303-0956-3044
이메일 ibooksense@gmail.com
ISBN 978-89-93746-65-5 (13320)

이 도서의 국립중앙도서관 출판예정도서목록(CIP)은 서지정보유통지원시스템 홈페이지(http://seoji.nl.go.kr)와
국가자료종합목록 구축시스템(http://kolis-net.nl.go.kr)에서 이용하실 수 있습니다.
(CIP제어번호 : CIP2019052837)

※ 책값은 뒤표지에 있습니다.

일 잘하는 사람들이 쓰는
간단한 표현의 기술

비주얼
씽킹
VISUAL THINKING

빌레민 브란트 지음 홍주연 옮김

북센스

유능하고, 창의적이고, 성공을 꿈꾸는 당신을 위한 책

한국의 독자 여러분, 제 첫 번째 책인 『비주얼 씽킹』으로 만나 뵙게 되어 정말 반갑습니다. 이 책을 시작하기 전에는 '비즈니스 기술을 이야기하는 데 웬 그림?' 하고 의아하게 느끼실지도 모릅니다. 제가 그림의 중요성을 알게 된 것은 어릴 때부터입니다. 저희 아버지는 세계 각국의 대학에서 수의학을 가르치며 책을 저술하는 교수였고, 어머니는 그림 강습을 주로 하던 화가였습니다. 어렸을 때 부모님이 자식들에게 거는 기대는 무척 컸습니다. 두 분은 학교에서 제일 좋은 성적을 받아오는 형제들을 무척 자랑스러워하셨죠. 그런데 저는 달랐습니다. 저는 이렇게 생각하는 아이였죠.

'수업 내용을 꼭 다 들어야 하나? 모든 걸 다 읽고 기억해야 하나?'

그러면 부모님은 말씀하셨습니다.

"당연하지!"

저는 학교에서 살아남기 위해, 그리고 부모님의 기대를 충족시키기 위해 그림을 그리기 시작했던 것 같습니다. 수업을 들으면서도 숙제를 하면서도 그림을 그렸습니다. 수업과 숙제 내용을 시각적으로 정리하고 기록하면서 그림 실력을 키워나갔죠. 고등학교를 마친 뒤에는 디자인 아카데미에 들어갔습니다. 클래스 최고 성적으로 아카데미를 졸업한 다음에는 산업 디자이너가 되었으며 성공적인 커리어를 쌓았습니다. 그러면서 제가 가진 시각적 커뮤니케이션 능력, 응용력, 아이디어를 좀 더 활용해보고 싶다고 느꼈죠. 제 목표는 개인과 조직의 역량을 강화하여 더 즐겁고 효율적인 업무와 협업이 가능하도록 돕는 것이었습니다. 그래서 저는 워크숍을 조직하고, 책을 쓰기 시작했습니다.

이제 한국에서도 제 책이 출간됐습니다. 유능하고, 창의적이고, 성공을 꿈꾸는 사람들이 제 책의 가치를 알아봐준다는 것은 정말 자랑스러운 일입니다. 그들에게 도움이 될 수 있다면 더욱 좋겠죠! 그럼 이제부터 이 책과 함께 다양한 아이디어를 즐겁고 활기차게 펼쳐보시길 바랍니다. 모두에게 행운을 빕니다!

빌레민 브란트

Willemien Brand

[이 책 한눈에 보기]

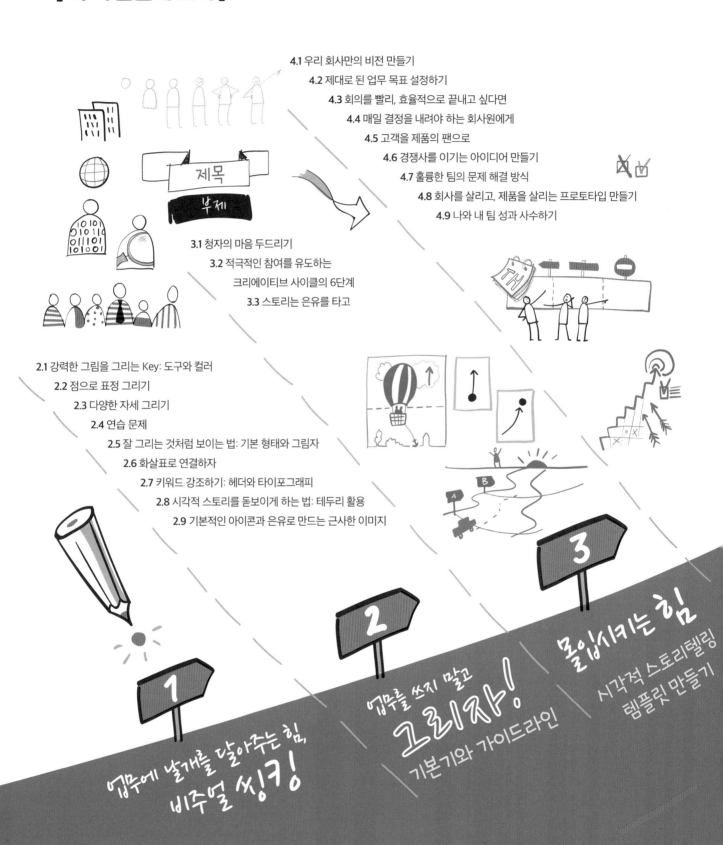

제목

부제

1
업무에 날개를 달아주는 힘,
비주얼 씽킹

2
업무를 쓰지 말고
그리자!
기본기와 가이드라인

3
몰입시키는 힘
시각적 스토리텔링
템플릿 만들기

시각적 효과

고객의
소리

5

계속 앞으로!
끝은 곧 시작이다

4

비즈니스 현장에
비주얼 씽킹 적용하기

53

PASSPORT

name
status
age
living in

차례

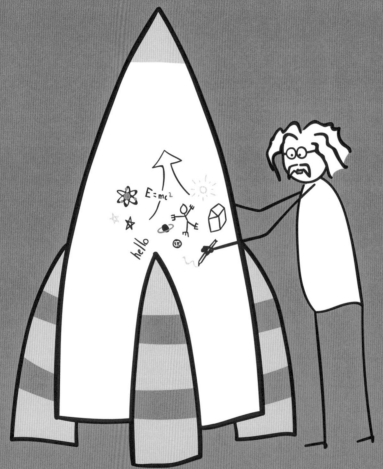

1. 업무에 날개를 달아주는 힘, 비주얼 씽킹

나에게 그림은 취미도 일도 아니다. 삶의 일부다! 어릴 때는 끊임없이 그림을 그렸다. 아침, 점심, 저녁을 먹을 때도 그렸다. 학교에서는 짓궂은 그림으로 친구들에게 인기를 끌었고, 공부할 때도 수업 내용을 그림으로 정리해놓으면 도움이 됐다. 그림은 때로 복잡한 미로처럼 느껴지는 문자들 속에서 길을 찾을 수 있게 해주었다. 스케치를 하면 뭔가를 이해하고, 요약하고, 평범한 것들 속에서 중요한 것을 찾아내기가 수월했다. 에인트호번 디자인 아카데미를 졸업한 후 나는 산업 디자이너가 됐다. 하지만 더 큰 창작의 자유를 누리고 싶어서 뷔로 브란트 Buro BRAND | Visual Communication라는 디자인 회사를 차렸다. 나는 시각화를 통해 생각을 정확히 표현하고 설명하는 것에 열정을 느끼며 커리어를 쌓아갔다. 그리고 일을 하면 할수록 내가 어떤 과정을 시각화해서 명료하게 정리하고 설명하는 일에 특별한 재능이 있으며, 이 재능을 공유하고 서비스화해서 다른 사람들을 도울 수 있다는 사실을 깨닫게 되었다. 사람들이 창의성을 발휘해 더 나은 업무 성과를 낼 수 있게끔 도와줌으로써 기쁨을 얻고 그 기쁨이 그림에 대한 내 열정을 매일 새롭게 해준다.

피터르 쿠너 Pieter koene를 처음 만났을 때, 그는 세상을 이미지로 이해하는 내 시각적 사고방식이 지닌 가능성을 바로 알아보았다. 그리고 개념을 시각화하는 내 재능이 사람들에게 더 큰 힘을 주고, 조직을 자극하여 혁신을 일으키는 데 필수적인 도구라는 사실을 알려주었다. 시각화의 어마어마한 가능성과 효과를 깨달은 나는 일터에서 그것을 활용하는 방법을 다른 사람들에게도 알려줘야 한다는 생각이 들었다.

이 장에서는 내가 이 책을 쓰고 그린 이유를 이야기하려고 한다. 이미지와 시각적 사고가 지닌 힘을 설명하고, 시각적으로 사고하는 데 필요한 도구와 기법들을 소개하고자 한다.

당신에게 이 글을 부치는 이유

시각적 사고는 운 좋은 소수만 가질 수 있는 기술이 아니다. 이미지로 생각하는 능력은 누구나 가지고 태어났지만, 성장하면서 그것을 키우고 발달시킨 사람이 소수일 뿐이다. 그림도 마찬가지다. 그림은 누구나 그릴 수 있지만 당신이 어렸을 때 자신감을 잃고 이 기술을 소홀히 보고 넘겼을 가능성이 높다. 시각은 우리 주변 세상을 파악하는 가장 중요한 방식이다. 그림과 시각화 기술을 발달시키지 않는다면, 당신은 시각을 담당하는 뇌 속 뉴런의 75%를 활용하지 못하는 셈이다.

이 책은 개인과 팀이 그들의 뇌 잠재력을 최대한 발휘하고 시각화를 활용해 더 큰 성과를 얻을 수 있게 해줄 것이다. 어려울 것은 하나도 없다. 이 책은 각기 다른 비즈니스 환경에서 쉽게 활용할 수 있는 시각적 사고와 협업 기법을 소개하고, 그림 그리기에 자신감을 얻을 수 있도록 도와줄 것이다. 우리에게 시각적 사고란 단순한 그림 연습이 아니다.

나는 사람들이 그들 자신의 상상력과 창의력, 스타일을 활용할 수 있도록 돕고, 그림을 활용하면 업무 성과가 얼마나 달라질 수 있는지 알려주고 싶다.

빠르게 변화하는 환경에서는 비주얼 씽킹이 필요하다

오늘날 비즈니스 환경에서 비주얼 씽킹이 이토록 중요한 이유는 무엇일까? 그 이유는 최근 사회의 변화 속도가 빨라지면서 고객 행동이 신속하게 진화하고, 새로운 규칙과 기술이 혁신을 거듭하면서 기업이 높은 수준의 변동성에 적응해야 하기 때문이다.

오늘날의 기업들은 확신할 수 있는 특성이라고는 오로지 불확실성뿐인 현재 상황에 맞는 새로운 업무 방식을 찾아가야 한다. 다층적 보고 체계, 문서로 작성된 수많은 규정들, 상세한 계획을 특징으로 하는 전통적 업무 방식은 역동적인 환경에서 통하지 않는다. 사실 이런 방식은 인간의 창의성을 억압할 뿐이다.

기업들은 변화하는 환경에 빠르게 적응할 수 있는 신속함과 민첩함을 갖춰야 한다. 그래서 애자일 스크럼Agile Scrum, 린 스타트업lean start-up, 디자인 씽킹design thinking 같은 새로운 모델들을 받아들여 끊임없이 변화하는 비즈니스 환경에 발맞추고 있다.

이러한 새로운 업무 방식들에는 한 가지 공통점이 있다. 협업을 활성화하기 위한 높은 수준의 시각화 기술이 필요하다는 점이다. 역동적인 환경 속에서 팀의 업무 속도, 창의성, 효율성을 향상시켜주는 기술들이다.

새로운 업무 환경은 칸반 보드Kanban board, 사용자 스토리 맵User story maps, 프로토타입Prototypes 등이 있는 시각적 공간이다. 기업이 여기에 적응하려면 시각적 사고 능력을 발달시켜야 한다. 개인도 이런 환경에서 성공적인 결과를 얻기 위해 필요한 기술들을 개발해야 한다. 이 책이 그렇게 할 수 있도록 당신을 도울 것이다.

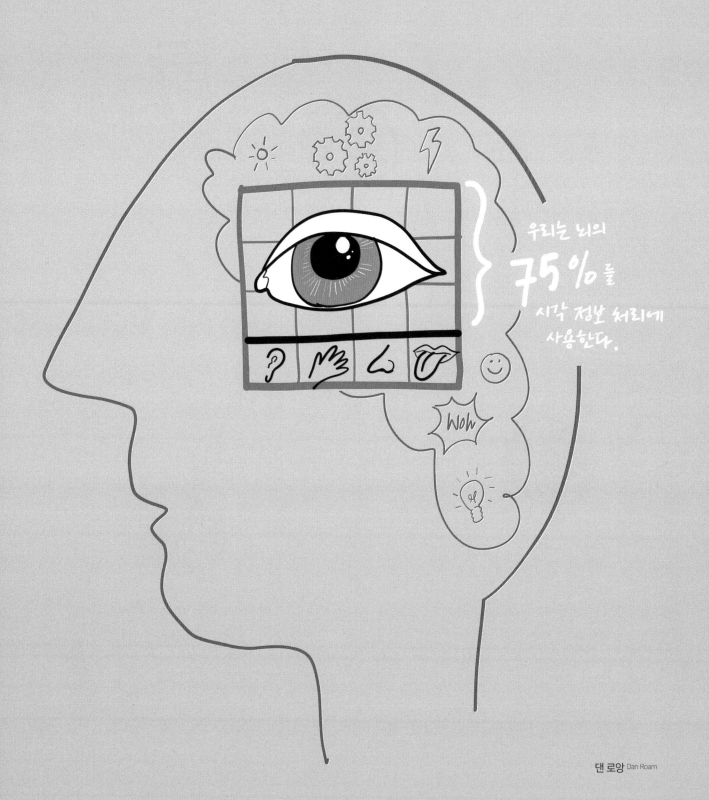

우리는 뇌의 **75%** 를 시각 정보 처리에 사용한다.

댄 로앙 Dan Roam

글

말

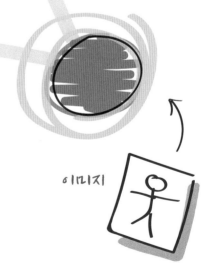

이미지

효과적인 의사소통

이 책에서 배우는 용기와 뻔뻔함

단순히 그림을 그리는 기법만 설명하려는 건 아니다. 나는 이 책이 조직 전체가 활용할 수 있는 실용적인 가이드북이 됐으면 한다. 기업 내에서 말과 글, 보디랭귀지에 이미지를 더할 때 효과를 누릴 수 있도록 도와주는 것이다.

이 책의 메시지는 간단하다. 바로 당신도 할 수 있다는 것이다! 업무에 이미지를 활용할 때, 이 책에서 배운 내용을 기준으로 삼으면 된다.

업무적 의사소통에 자신이 그린 그림을 사용하는 것은 신나는 일이다. 당신의 아이디어와 그 중요도를 효과적으로 시각화할 이미지를 만드는 데는 용기와 약간의 뻔뻔함이 필요하다. 그래도 몇 가지 간단한 기술만 익히면 시작할 수 있다. 먼저 기본적인 기술을 배워보자. 노트를 들고 뭐든 그려보자. 완벽해지려면 연습이 필요하지만 완벽하지 않더라도 걱정할 필요 없다(불완전함이 지니는 힘에 대해서도 뒤에서 배우게 될 것이다!). 기본기를 습득한 후에는 당신이 그린 그림들로 시각적 스토리를 만드는 방법을 배울 것이다. 그리고 마지막 4장에서는 실제 비즈니스 상황에서 쓸 수 있는 시각화 기술들을 직접 실습해볼 것이다.

그림을 그리면 생기는 이득

무엇보다 이미지와 말, 글의 조합을 통해 효율과 효과를 최대화할 수 있다.

그림을 그리면

- 생각이 정리된다.
- 패턴과 연결 고리가 명확해진다.
- 새로운 관점들이 열린다.
- 회의 내용을 요약할 수 있다.
- 정보를 체계화할 수 있다.
- 내용이 간단해진다.
- 지속적인 개선이 가능하다.
- 새로운 아이디어를 얻을 수 있다.
- 사람들의 솔직한 의견을 들을 수 있다.
- 사람들이 사소하고 불필요한 디테일에 집중하지 않게 된다.
- 주제에 접근하기가 쉬워진다.

다음 페이지에서 이미지의 활용이 중요한 이유들을 정리했다. 나는 강의나 워크숍을 시작할 때마다 참석자들에게 이미지가 중요하고 가치 있는 이유를 물어봤다. 그렇게 해서 나온 수많은 대답들 중 몇 가지를 골라보았다.

더 빠른
의사소통

당장 우리 팀에 미치는 영향

단계의 간소화

비전의 공유

원활한 대화

메시지 전달

그림은  선물이다!

쉬운 요약

아하!

아이디어 창출

참여도 높은
프레젠테이션

협동

1 + 1 = 3

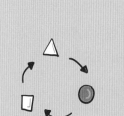
프로세스의 명료화

변화

결승선

재미 !

쉬운 접근

어서오세요

이해 시키기

숨겨진 연결 고리

사기 끌어올리기

간단명료

활기 부여

창의력의 확장

단순화

수월한 피드백

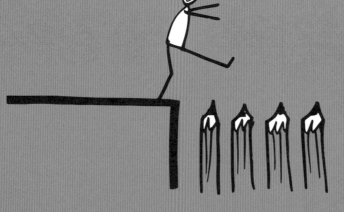

2. 업무를 쓰지 말고 그리자!
기본기와 가이드라인

동료들은 당신의 그림을 재미있어 하고 높이 평가할 것이다. "전 그림을 못 그려요"라고 말하는 이들이 많다. 하지만 다행히도 중요한 건 그림 솜씨가 아니라 그림을 통한 소통이다. 따라서 이 장의 목표는 그림을 통해 다른 사람들과 소통하는 데 도움이 될 기법들을 배우는 것이다.

이 장에서 해야 하는 것

- 그림을 그리기 위한 용기를 키우자. 글을 쓸 수 있다면 그림도 그릴 수 있다! 실패에 대한 두려움을 극복하자!
- 자신의 스토리를 시각적으로 정확하게 표현하자.
- 시각적으로 사고하자. 전문 용어들을 간단명료한 이미지로 바꿔본다.

이런 형태들을 그릴 수 있다면 ⋯ 당신은 그릴 수 있다!

기본적인 형태의 그림

누구나 그릴 수 있다

부족한 그림, 최대의 효과

용기가 가장 중요하다

실패에 대한 두려움을 극복하는 가장 좋은 방법은 그냥 그리는 것이다. 일단 어린아이처럼 종이 위에 이런저런 선을 그어보자. 머리에 발만 달린 사람이나 올챙이 모양의 인간을 그려도 좋다. 꼭 사실적이지 않더라도 강력하고 명확한 선은 그림에 신뢰성을 실어준다.

선이 적을수록 더 효과적이다. 간단하게 들리는가? 하지만 선을 더 긋고 싶은 유혹을 이기기란 쉽지 않다. 선이 많아지면 그림이

복잡해지고 시각적 효과가 감소한다. 단순하게 그리자!

그리는 속도를 다양하게 조절하자

말하는 속도에 그대로 맞춰 그리려고 하지 마라. 내용이 물 흐르듯 이어질 때는 빠르게, 세부 사항을 설명할 때는 느리게 그리자.

모서리와 원을 닫자!

끝이 열린 형태를 그냥 놔두지 말자. 열린 부분을 닫아야 그림이 명확해지고 보기 편해진다. 예를 들면 사람을 그릴 때 다리만 둥둥 떠 있게 하지 말고 몸통과 꼭 연결해야 한다!

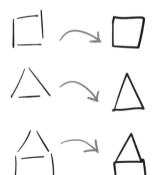

간단하게 그리자고!

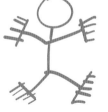

나무를 상세하게 묘사한 그림

나무의 개념만 표현한 그림

나무를 은유적으로 활용한 그림

팁:
'나무'를 나타내기 위해 필요한 선이 무엇인지 생각해본다.

FEWER lines MORE IMPACT

선이 적을수록 더 효과적이다

2.1 강력한 그림을 그리는 Key: 도구와 컬러

내가 좋아하는 필기구 몇 가지를 소개한다. 나는 검은색을 즐겨 쓰는데, 스케치를 하고 명암을 넣을 때는 회색 마커도 많이 쓴다. 플립 차트Flip chart에 그릴 때는 노이란트의 마커를 추천한다. 아주 매끄럽게 선을 그을 수 있고 잉크가 번지지 않는다. 검은색 파인라이너(몸통이 오렌지색인 제품)는 다른 색으로 덧칠해도 얼룩이 지지 않는다. 굵은 선과 가는 선을 모두 쉽게 그을 수 있는, 끝이 넓적한 마커들도 좋다. 선의 굵기를 다양하게 하고 색의 종류를 제한하면 더 강렬한 그림을 그릴 수 있다. 색은 적을수록 좋다! 여러 가지 색을 쓰면 강조점이 너무 많아져서 그림이 산만해진다. 실수는 신경 쓰지 마라. 그냥 다음 페이지로 넘겨서 다시 그리면 되니까!

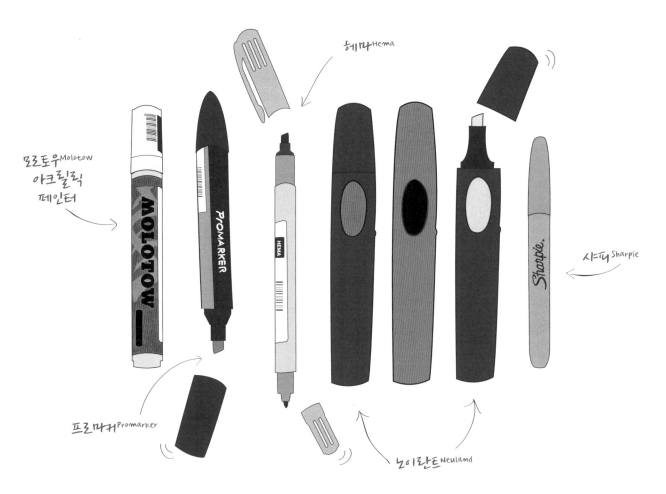

모로토우Molotow 아크릴릭 페인터

프로마커Promarker

헤마Hema

노이란트Neuland

샤피Sharpie

검은색과 회색, 굵은 선과 가는 선 사용하기

최소의 노력으로 최대의 효과를 얻는 방법은 검은색과 회색, 굵은 선과 가는 선을 조합해서 쓰는 것이다. 선의 굵기를 다양하게 변화시키면서 검은색과 회색을 함께 쓰면 입체적이고 매력적인 그림을 그릴 수 있다.

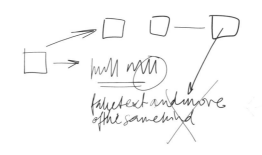

이런 식의 프로세스 맵을 흔히 볼 수 있다. 밋밋하기 짝이 없다! 색상과 선의 굵기에 변화를 주지 않으면 그림이 지루해진다!

회색은 스케치를 하거나 명암을 넣을 때 사용할 수 있다. 회색으로 스케치를 한 후에 검은색으로 따라 그려서 완성하면 된다. 그런 다음 중요한 요소들에 색을 넣어 강조한다.

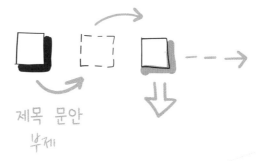

제목 문안
부제

중요한 팁 연결선과 화살표를 회색으로 그려서 그림을 입체적으로 만들자.

팁 언제나 회색으로 먼저 스케치하고 검은색 선을 가늘게 그려 마무리한다. 그런 다음 중요한 부분들에 색을 넣어 강조한다.

스토리 만들기

정리/결론

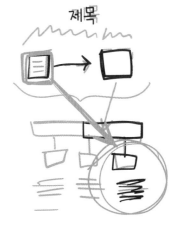

실행! 그다음은?

2.2 점으로 표정 그리기

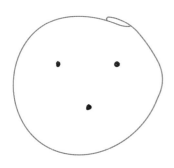

우리의 뇌는 세 개의 점만 있어도 얼굴로 인식할 수 있다. 감자 모양의 머리를 그리고 그 안에 점을 세 개 찍어서 직접 확인해본다. 점의 상대적인 위치에 따라 여러 가지 표정이 만들어진다.

점을 얼굴의 어느 쪽에 찍느냐에 따라 시선의 방향이 결정된다. 입과 눈썹의 모양을 다양하게 바꾸면서 표정을 강조해본다.

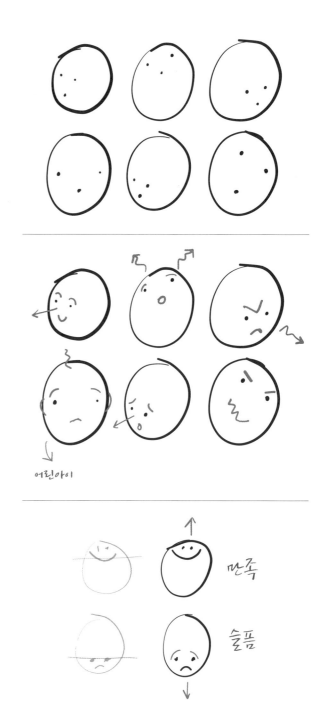

이모티콘을 활용한다

내가 즐겨 쓰는 왓츠앱WhatsAPP 이모티콘들

표정을 표현하는 좋은 방법은 즐겨 쓰는 이모티콘을 따라 그리는 것이다. 기억나는 표정을 하나 그린 다음 실제 이모티콘과 일치하는지 확인해보자. 모방은 배움의 지름길이다!

무표정

직접 그려보자!

기분 좋음   슬픔   의문   놀라움

수줍음   쑥스러움   혼란   몽상   비꼼

심술   화남   분노   무례

상호 작용 표현하기

사람 간의 상호 작용을 표현하는 좋은 방법은 말풍선을 사용하는 것이다. 말풍선의 모양으로 상호 작용의 종류를 나타낼 수 있다. 말풍선 안에 그림을 그리거나 글을 쓰면 내용을 더 강조할 수 있다.

인정

영감

힘

말풍선을 사용하면 인물 간의 상호 작용을 섬세하게 묘사할 수 있다. 인물의 자세와 표정, 팔다리의 모양으로 스토리를 표현할 수 있다.

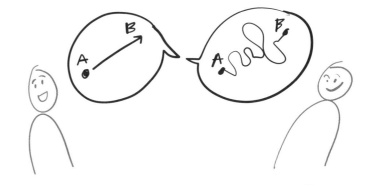

팁 색은 강조해야 할 부차적인 요소에만 사용한다.

업무량

모험

풍부한 아이디어

기쁨

2.3 다양한 자세 그리기

다양한 표정을 그리는 법을 익혔으니
이제 인물의 자세를 표현하는 법을 배
워보자. 난 보통 머리를 그리고 그 아래
에 타원형 몸통을 그린다. 몸통을 사각
형 등의 다른 형태로 표현하고 싶다면
마음껏 시도해보자!

지그재그 형태의 선은 그리기도 쉽고
매우 유용하다. 옆구리나 머리에 손을
얹은 인물을 그리고 싶다면 V 자 모양
의 선으로 팔을 그리고 그 끝에 작은 M
자를 그려 손을 표현한다. 어느 한 방향
을 가리키는 손, 엄지손가락을 추켜세
우거나 내린 손을 그리고 싶을 때는 그
냥 자기 손을 보면서 따라 그리면 된다.
손가락이 팔에 꼭 붙어 있을 필요는 없
다. 간격을 조금 띄운다.

팁 팔과 다리가 몸통 중앙에서 뻗어 나온 것처
럼 그리지 말자(치마를 그리고 싶은 게 아
니라면).

머리는 몸통 바로 위,
혹은 살짝 위에 그리자

운동감을 표현하는 선은 회색으로!

운동감을 표현하고 싶다면 먼저 **상체부터 그리자**. 상체의 각도를 잡은 다음 팔다리와 머리를 추가하면 된다.

팁 슬픈 사람들은 몸을 구부정하게 굽히고, 얼굴을 어깨 아래로 푹 숙인다. 행복하거나 자랑스러운 사람들은 어깨를 쭉 펴고, 얼굴은 위로 치켜들고, 손은 옆구리에 올리고 있다.

자세를 연습하는 좋은 방법은 그냥 과감하게 도전하는 것이다. 몇 명의 인물들이 나오는 스토리를 그림으로 표현해본다.

내 동료와 고객 그리기

팀을 그리는 건 쉽다.

커다란 파도를 그리고(꽃이나 구름을 그리는 것과 같은 방식으로) 그 위에 머리들을 그려 넣기만 하면 여러 사람의 모습이 된다.

그런 다음 표정과 말풍선 등 부가적인 요소들을 추가하면 나만의 스토리가 시작된다.

동료들에게 직무별로 서로 다른 옷을 입혀준다. 어떤 직무는 어떤 무늬로 나타낼지 정한 후 스토리 내내 통일해준다.

관리자를 그리는 것은 어렵지 않다. 그냥 근사한 넥타이를 그리면 된다! 이제 이런 복장으로 일하지 않는 회사들도 많아졌지만 전 세계적으로 통용될 새로운 아이콘이 나타나기 전까지는 넥타이를 쓰도록 하자.

여러 전문가로 구성된 팀

IT 전문가   경영 분석가   법률 전문가   IT 전문가   고객 여정 전문가   마케팅 담당자

팁 남성, 여성 관리자 모두 넥타이로 표현하면 된다!

고객의 왕관

팁 왕관은 제일 나중에 그린다.

고객은 왕이다! 고객을 그릴 때는 머리에 왕관을 씌워준다. 컬러로도 스토리를 표현할 수 있다. 노란 왕관은 일반적인 고객을 나타내지만, 내 회사를 상징하는 색의 왕관을 쓴 인물은 '나의' 고객이 된다.

기본적인 아이콘과 시각적 스토리텔링

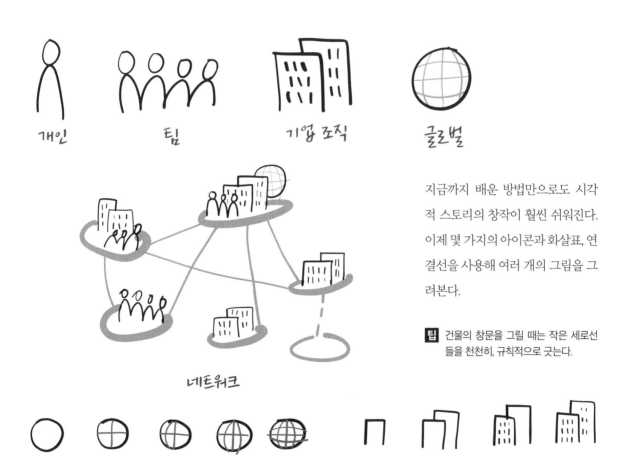

개인

팀

기업 조직

글로벌

네트워크

지금까지 배운 방법만으로도 시각적 스토리의 창작이 훨씬 쉬워진다. 이제 몇 가지의 아이콘과 화살표, 연결선을 사용해 여러 개의 그림을 그려본다.

팁 건물의 창문을 그릴 때는 작은 세로선들을 천천히, 규칙적으로 긋는다.

DRUM UP THE COURAGE TO DRAW

용기를 내서 힘차게 그리자

타깃 고객을 캐릭터화하기

학생

범죄가

의사

환자

범죄자

청소년   노인 여성

특정한 인물을 그려야 한다면? 그 사람의 헤어스타일을 그리면 된다. 정말 쉽다! 그 사람이 안경을 끼고 있는가? 그럼 안경도 그리자.

에바

라히엘라 알렉산드라

톰

머리카락

팁 머리카락의 윤곽선은 얼굴과 충분히 거리를 두고 그린다. 공간이 넓을수록 형태가 뚜렷해진다.

리타   57   리타의 가족

고객 여정의 템플릿을 만든다고 상상해보자. 먼저 사람을 그린다. 부르기 쉽고 공감하기 쉽도록 리타라는 이름을 붙여주자. 회색으로 리타의 가족들도 그린다. 그런 다음 세부 사항을 채운다. 리타에게는 뭐가 필요할까? 리타는 어떤 말을 할까? 무슨 생각을 할까?

2.4 연습 문제

IT

가이드

분석가

로드 매니저

고객 여정
전문가

혁신

코치

당신의
직업은
무엇인가요?

복잡한 아이디어를 단순한 사람 형태나 말풍선 같은 좁은 공간 안에 집어넣는 것은 얼마나 어려운 일일까? 직업을 표현할 때는 단순화가 가장 중요하다. 내 직업을 어린아이에게 어떻게 설명할 수 있을지 상상해본다. 은유를 사용하고, 그것을 축소하여 인물의 몸 안에 그려 넣는다.

아이콘화: 내 직업을 시각화해본다.

비전의 공유

2.5. 잘 그리는 것처럼 보이는 법: 기본 형태와 그림자

그림을 좀 더 돋보이게 하고 싶다면 그림자를 그리자. 완벽하게 그릴 필요는 없다. 회색으로 간단히 강조하면 된다. 둥근 물체는 빛을 반사시키기 때문에 그림자가 윤곽선에 닿으면 안 된다. 과일이나 채소를 그릴 때 이 점을 잊지 않는다.

팁 내가 항상 지키는 기본 규칙은 그림자를 왼쪽 또는 오른쪽으로 통일해서 넣고, 물체의 아래쪽에도 잊지 않고 그리는 것이다.

육면체를 입체적으로 그릴 때는 가장 어두운 한 면에만 그림자를 채워도 되고 시간이 남거나 마커가 두 개 있을 때는 두 면을 채워도 된다.

기본적인 육면체를 변형시키면 상자도 간단히 그릴 수 있다. 안쪽에도 그림자를 채워 넣는 걸 잊지 말자!

겹쳐진 물체를 입체적으로 보이게 만드는 것도 쉽다. 겹치는 부분에 그림자를 그려 넣는다. 선의 굵기를 다양하게 하면 더 효과적이다.

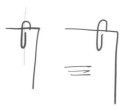

가는 선과
굵은 선

주문서

언제나 일정한
한쪽 면, 그리고
아래쪽에
그림자를 넣는다

네모꼴로
밋밋하게
그리지 말자!

원통 형태를 이용해 컵, 꽃병 등의 물체를 입체적으로 그릴 수 있다. 항상 맨 위에 납작한 원을 먼저 그린 다음 아래쪽으로 그려나간다.

한쪽에 그림자를 그리되 윤곽선에는 닿지 않게 한다. 이것 또한 둥근 물체니까. 선을 긋는 데 자신이 없다면 회색으로 먼저 그린 다음 검은색으로 따라 그려 마무리한다.

맨 위까지
꼭 채우지
말자

팁 아이콘, 텍스트, 테두리를 결합하여 플립
차트나 생일 초대장에 넣을 멋진 일러스트
레이션을 그려보자.

2.6. 화살표로 연결하자

화살표는 여러 요소를 연결하거나 방향과 변화를 표현할 수 있는 훌륭한 수단이다. 내가 가장 즐겨 쓰는 화살표들을 아래에 실었다. 이것저것 자유롭게 섞어서 사용해보자.

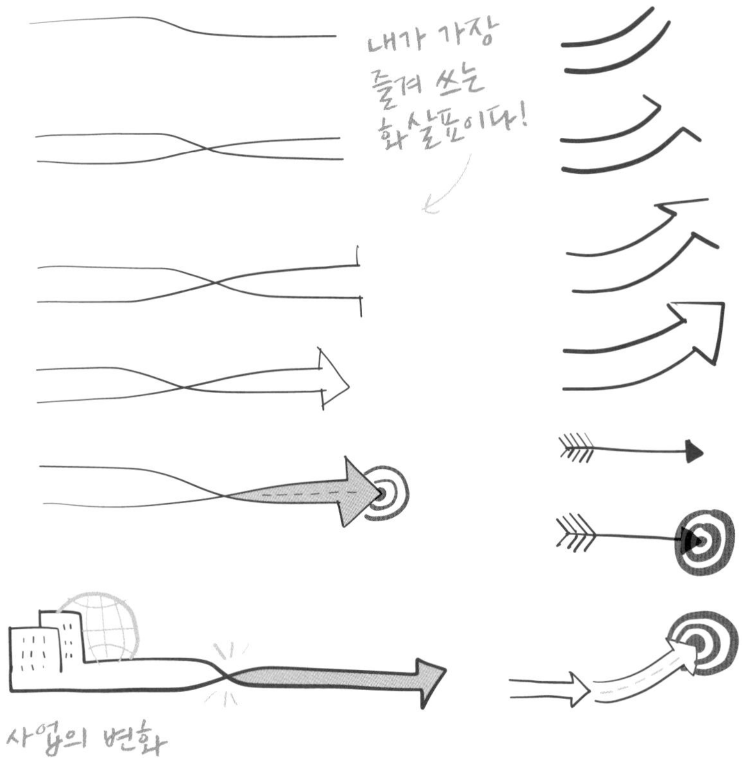

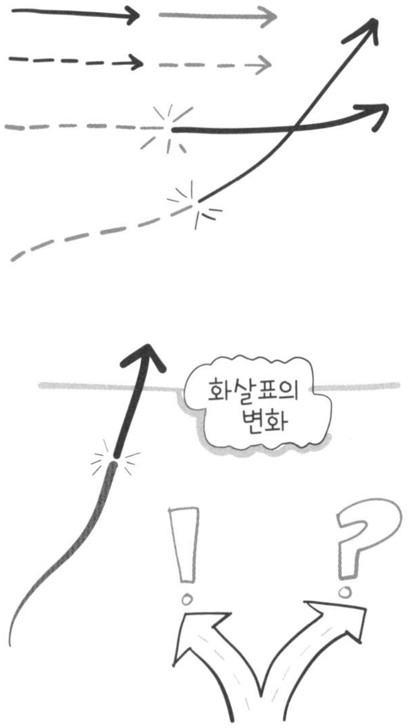

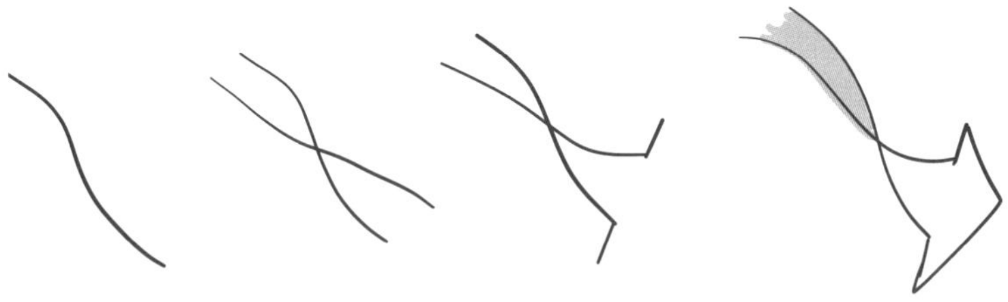

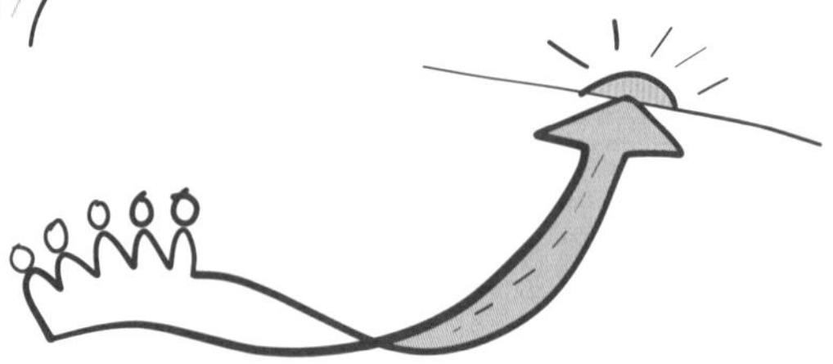

내가 가장 즐겨 쓰는 화살표이다!

화살표의 변화

사업의 변화

팁 도로 표시선과 목적지, 지시 마크 등을 화살표에 추가한다. 화살표의 끝은 천천히 그린다.

2.7. 키워드 강조하기: 헤더와 타이포그래피

그림 외에 글자가 필요할 때도 있다. 나는 여러 가지 폰트를 사용하는 걸 즐긴다. 그중 몇 가지를 소개한다.

이런 배너를 그리는 법도 알아두면 좋다. 제목을 달 때나 팀의 로고를 만들 때 활용할 수 있다. 한 단계씩 따라하다 보면 금방 익힐 수 있다.

팁 먼저 제목을 쓴 다음 그 주변에 헤더를 그린다. 글자 사이의 간격을 적당히 띄우고, 너무 빨리 그리지 않는다.

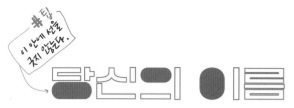

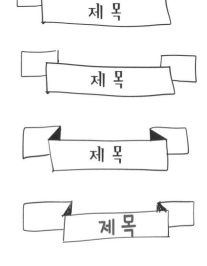

'말장난'을 예술적으로 활용하면 여러분이 사용하는 단어를 더 멋지게 표현할 수 있다. '혼란'이라는 단어는 깔끔하고 단정한 글씨가 아니라 정말 혼란스러운 폰트로 써보면 어떨까?

잘 모르겠지만 사실 당신은 이미 위대한 타이포그래피 아티스트의 자질을 가지고 있다!

팁 위의 단계대로 'S'자를 그려본다. 위쪽에서 큰 원을 그리기 시작해서 아래쪽에서는 더 작은 원으로 마무리하고, 그 다음 윤곽선을 그린다.

말과 이미지를 결합한 말장난을 시도해본다. 아이콘과 다양한 폰트, 단어 구름, 화살표 등을 활용하고 배경색도 여러 가지로 바꿔본다.

2.8. 시각적 스토리를 돋보이게 하는 법: 테두리 활용

플립 차트를 자주 사용한다면 테두리를 그리는 것만으로 내용을 돋보이게 만들 수 있다. 큰 사각형을 그리고 맨 위에 아이콘이나 텍스트 블록을 넣는 것이다. 필요하다면 안쪽을 포스트잇, 프로세스, 화살표, 텍스트 등으로 채운다.

팁 제목 주변에 윤곽선을 그리고 그림자를 넣는다.

탭 안에 그리드나 화살표를 넣고 싶을 때는 회색으로 그린다. 연결 요소들이 중요한 정보들과 동일한 주목도를 지녀서는 안 된다.

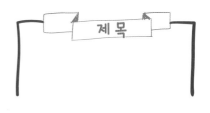

Google Images is your friend

구글 이미지는 우리의 친구

2.9. 기본적인 아이콘과 은유로 만드는 근사한 이미지

그림을 꼭 어렵게 그릴 필요는 없다. 누군가 나침반을 그리라고 한다면 어렵게 느껴질 수 있지만 아래의 단계대로 따라 그리다 보면 꽤 쉽다는 걸 알 수 있다. 언제나 그리려는 대상을 먼저 기본적인 형태들로 분해한 후에 조합하는 것을 잊지 말자. 다음 페이지의 그림들을 자유롭게 따라 그려본다. 따라 그리다 보면 시각 기억 속에 그 이미지가 저장된다.

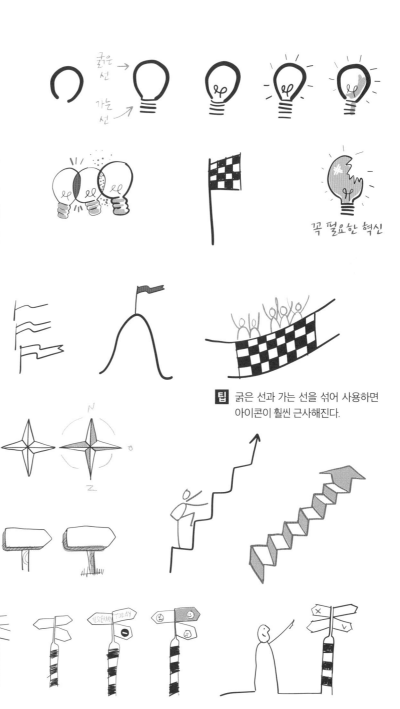

팁 굵은 선과 가는 선을 섞어 사용하면 아이콘이 훨씬 근사해진다.

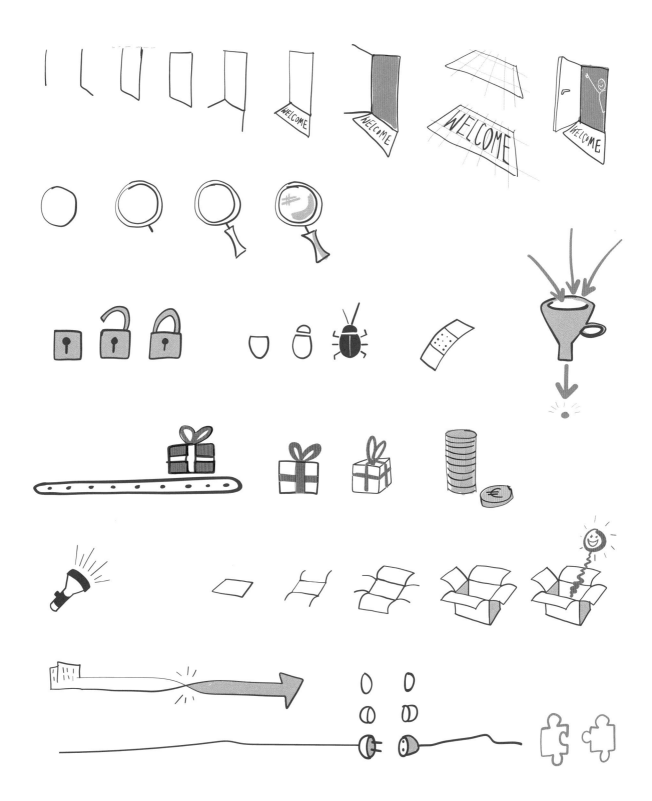

지금까지 드로잉의 기초를
배웠으니 이제 여러 그림을 엮어
시각적 스토리를 짜보자.

우리를 끌어올리는 것은?

우리를 끌어내리는 것은?

3. 몰입시키는 힘: 시각적 스토리텔링·템플릿 만들기

스토리는 세상을 이해할 수 있게 도와주는 수단이다. 이야기를 할 때는 억양, 표정, 손동작 등 다양한 기술로 청자들을 몰입시킬 수 있다. 하지만 그것만으로는 복잡하고 추상적인 원리들을 생생하게 설명하기 어려울 때도 있다. 물론 글로 설명할 수도 있지만 그러려면 대개 이해하기 힘든 무미건조한 글을 잔뜩 써야 한다.

한 장의 그림이 천 마디 말을 대신한다

복잡한 개념을 하나의 이미지로 전달할 수 있다는 의미이다. 주제의 의미 또는 핵심을 전달할 때는 말이나 글로 하는 묘사보다 한 장의 이미지가 더 효과적이다. 시각 자료는 정보와 개념을 전달하고 스토리텔링의 효과를 높일 수 있는 강력한 도구다.

계다가 무척 간단하기도 하다!

필요한 것은 그림을 그릴 재료뿐이다. 종이, 태블릿, 화이트보드, 플립 차트 또는 냅킨 뒷면을 활용하여 정보를 공유하고 창의력을 자극할 수 있다.

시각적 스토리텔링의 힘

빠르게 변화하는 환경 속에서 우리는 힘을 합쳐 점점 늘어나는 정보량을 소화해야 한다. 시각화는 다양한 관점에 주목하고, 정보를 관리하기 쉽게 분류하며, 행동의 우선순위를 정할 수 있게 도와준다. 이 장에서는 매력적인 시각적 스토리를 만드는 방법들을 배워보자. 쉽게 활용할 수 있는 템플릿들도 소개한다.

3.1. 청자의 마음 두드리기

비즈니스 환경에서 정보는 텍스트, 데이터, 도표 등으로 전달한다. 이러한 추상적 전달 형태에 도식적인 그림들을 추가하면 창의적인 방식으로 청자의 관심을 끌 수 있다. 데이터가 중심이 되는 오늘날의 세계에서 정보의 거대한 흐름을 성공적으로 처리하려면 다양한 매체를 칵테일처럼 섞어 생생하게 제시해야 한다.

확실한 것은 청자의 머리를 공략하는 것만으로는 부족하다는 사실이다. 듣는 이의 가슴도 함께 건드려야 한다.
청자의 머리와 가슴을 모두 사로잡으려면 창의성과 신념, 열정으로 가득한 시각적 정보를 제시해야 한다.

팁 시각 자료 템플릿을 만들 때는 자신의 창의력을 믿는다.

3.2. 적극적인 참여를 유도하는
크리에이티브 사이클의 6단계

청자의 공감을 불러일으키는 시각적 스토리를 창조하려면
특정한 단계들을 거쳐야 한다. 이것을 크리에이티브 사이클
이라고 부르자. 크리에이티브 사이클은 다음과 같다.

이 장의 나머지 부분에서 이 사이클을 단계별로 설명하도
록 하겠다.

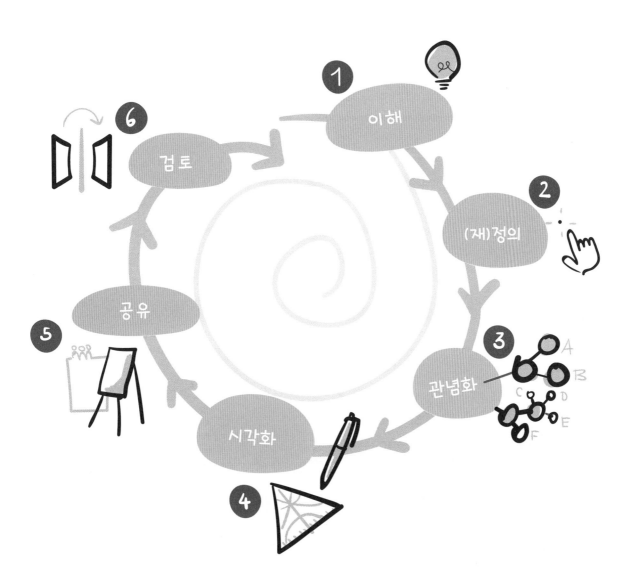

스토리를 위한 도구:
이해, (재)정의, 관념화

이해

내 상황을 정의한다. 성취하려는 것이 무엇인지를 먼저 파악해야 한다. 어떤 주제를 다루고 싶은가? 어떤 이상적인 결과를 달성하고 싶은가?

목표 (재)정의

전달하고자 하는 스토리를 더 깊이 있게 이해하는 단계이다. 목표를 명확히 하고, 청자를 확정하고, 전하고 싶은 핵심적인 메시지를 생각한다. 스토리에 기여할 수 있는 주요 관계자와 지지자들을 찾는다. 스토리의 근거를 마련하고, 이를 그 분야의 전문가나 영향력이 있는 사람들과 함께 점검해보자.

관념화

관념화는 내 스토리와 메시지 전달을 뒷받침해줄 시각적 콘셉트를 개발하는 과정이다. 이때 다양한 시각적 콘셉트를 포착하고, 여러 가지 관점을 포용하는 것이 중요하다. 스토리를 시각화하거나 메시지 전달에 도움이 될 시각자료를 만드는 데는 언제나 많은 방법이 있게 마련이다. 그래서 팀원들과의 협력이 필요하다. 청자에 따라 좀 더 공감이 가는 콘셉트가 다를 수도 있다.

팁 새로운 아이디어를 구상하고, 창조하고, 발전시켜서 다른 사람들에게 보여준다. 종이에 아이디어들을 그린 다음 두세 단어 정도의 문구로 표현한다. 그리고 긴 대화 없이 서로의 아이디어에 대한 반응만 보여준다. 토론은 나중에도 충분히 할 수 있으니까. 실없고 우스꽝스러운 시도들도 두려워하지 말자.

이 단계에서는 자신의 그림 실력을 최대로 발휘하지 않아도 된다. 될 수 있는 한 많은 시각적 콘셉트를 그리는 것이 더 중요하다.

시각화

시각화

이제 마음에 드는 스토리라인을 시각화한다. 흥미로운 프레젠테이션을 통해 정보를 전달하고 싶은가, 아니면 회의실의 사람들 모두를 적극적으로 참여하게 만듦으로써 다른 종류의 효과를 얻고 싶은가? 아니면 둘 다? 다음 페이지에서 서로 다른 접근법들을 알아보자.

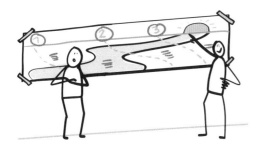

시각적 스토리텔링은 청자들의 적극적인 참여를 유도함으로써 내 스토리를 더욱 풍부하게 발전시킬 수 있게 해준다.

프레젠테이션 보드 이용하기

이 방법은 전달하고자 하는 내용을 이미 알고 있을 때 유용하다. 정보들이 대부분 정해져 있으니 사전에 프레젠테이션과 그림을 준비할 수 있다.

청자와 소통하거나 의견을 수용할 기회는 많지 않지만 그렇다고 프레젠테이션이 역동적일 수 없다는 뜻은 아니다. 특히 즉석에서 그림을 추가해나가는 방법은 프레젠테이션을 더욱 흥미롭게 해준다.

사업 등의 계획, 연간 통계, 조직 내 프로세스 등을 프레젠테이션으로 소개할 때 유용하다. (기본적으로 청자에게 정보를 전달하기에 좋은 방법이다.) 시각적 은유를 함께 만들면서 스토리를 발전시켜나갈 수도 있다! 이때는 다른 사람들의 의견을 수용할 수 있으니, 힘을 합쳐보자!

팁 한 번에 여러 개의 보드를 사용해도 된다. 포스트잇에 그림을 그려 활용하면 프레젠테이션이 좀 더 생생해진다.

참여 보드 활용하기

공유하고 싶은 내용의 윤곽은 알지만 정확한 결과를 예측할 수는 없을 때, 또는 다른 사람들의 의견을 모아 전략이나 비전을 세우고 싶을 때 유용한 방법이다.

보드 위에서 아이디어를 논의하고 공유하고 시각화하면 된다. 예를 들면 보드 두 개에 각각 장점과 위험 요소들을 적을 수도 있다. 팀원들과 함께 그림을 그리고, 포스트잇을 붙인다. 모두의 참여를 유도하기에 좋은 방법이다. 청자들에게 활기를 불어넣고, 회의하는 동안과 그 이후에 더 열성적으로 참여하게 만들 수 있다. 전략 회의, 고객 여정 결정, 문제 해결 등에 사용할 수 있다.

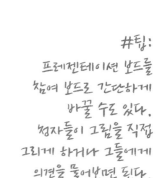

#팁:
프레젠테이션 보드를 참여 보드로 간단하게 바꿀 수도 있다. 청자들이 그림을 직접 그리게 하거나 그들에게 의견을 물어보면 된다.

배치 방법 선택

이야기를 할 때 방향이나 순서를 나타
내기 위해 보디랭귀지를 쓸 때가 많다.
이러한 동작들을 응용하여 시각적 배
치안과 디자인 템플릿을 짜는 데 활용
하자.

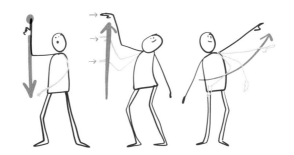

나는 이야기를 할 때
팔이나 몸이
어떤 방향으로
자연스럽게 움직일까?

배치 방법을 선택할 때
이것을 염두에 두자!

목록

스토리가 위에서 아래로 흘러갈 때
사용한다. 안건, 프로그램, 시간표 등
목록을 작성할 때 좋다.

타임라인

시간 순서별 단계(a-to-z)를 나타낼
때 쓴다. 하나의 디자인 안에 여러 타
임라인을 넣을 수도 있다. 바람직한
상황과 변화를 나타낼 때 사용한다.

만다라

브레인스토밍을 하거나 정해진 결론
없이 다 함께 의논할 때 좋다. 모두가
보드 위에 포스트잇을 붙이고 옮기
면서 이야기를 나눌 수 있다.

단계

스토리가 아래에서 위로 흘러갈 때 사
용한다. 목표를 향해 올라가는 형태의
로드맵을 만들 때 유용하며, 숫자 계
산을 할 때도 쓴다.

경로

언제나 효과적인 방법이다. 주로 고
객 여정을 설계하거나 밟아야 할 단계
가 있을 때, 중간 목표나 최종 목표까
지 나아갈 때 만나는 여러 가지 기회
와 위험 요소를 나타낼 때 사용한다.

매트릭스

SWOT 분석처럼 한 주제에 관하여 여
러 종류의 정보를 보여줄 때 유용하
다. 보드 위에 해야 할 일과 하지 말
아야 할 일을 함께 정리할 때도 좋다.

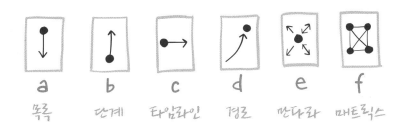

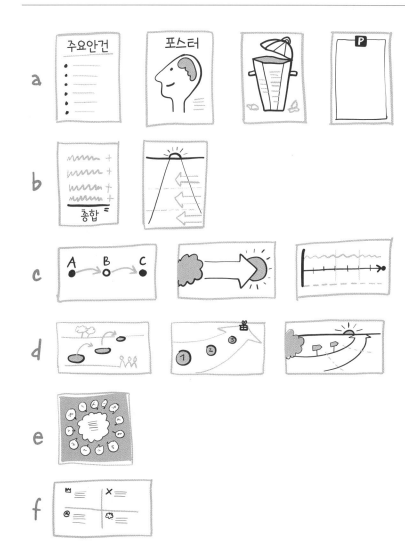

은유를 선택하여 디자인하기

배치 방법을 정했다면 이제 스케치를 시작해본다. 그런 다음 나의 상황과 맞는 은유를 선택하여 디자인을 시작한다.

선택지는 아주 많다. 여정을 표현할 때는 경로 형태를 활용한다. 이때 석양을 향해 뻗어 있는 길을 그릴 수도 있고 바람이 휘몰아치는 산속의 길을 그릴 수도 있다. 여기에 무엇을 더하고 무엇을 뺄 수 있을까.

여기서 제시한 예 중 하나를 골라 사용해보자. 상상력을 활용하자! 하나의 스토리에 여러 가지 배치안이나 템플릿을 사용할 수도 있다. 예를 들면 현재 상황에 대해 수집한 정보를 만다라 형태로 시작한 후 개선안은 경로 형태로 보여줄 수도 있다.

은유를 찾는 일이 쉽지 않은가?

해결책이 있다.

인정하기

아주 중요하다! 뭔가 느낌이 좋지 않으면 잘못된 것이다. 당장 중단하고 재고한 다음에 다시 그린다.

함께 생각하기

동료나 팀 전체에 의견을 구한다. '어떻게 하면 잘 그릴 수 있을까?' 또는 '여기에 뭘 더 그려야 할까?'라고 물어본다. 수많은 아이디어와 관심을 얻을 수 있을 것이다.

이 은유 위로 아이디어를 만들고 그리고 조합한다.

스케치 그리고 대화

어떤 자리에서 누군가가 아이디어를 내놓았을 때 그 자리에 있는 다른 사람들 앞에서 그 아이디어를 한번 그려보게 한다. 사례나 문제점을 논의할 때 주의 깊게 듣자! 사람들은 은유를 써서 이야기할 때가 많다. 필요하다면 추가 질문을 한다. 다섯 살짜리에게 이야기하듯이 설명한다.

주변에서 아이디어 얻기

설명하려는 대상과 비슷한 것이 뭐가 있을까? 여정을 스포츠에 비유하거나 상상 속의 고객을 영화배우에 비유할 수 있을까? 자연에서도 영감을 얻을 수 있다. 산, 강, 나무 등등! 이것들은 무엇을 상징하는가? 어떤 성질을 지니고 있는가?

클리셰 응용하기

말장난으로 더 많은 아이디어를 얻자. 상투적인 문구들을 활용하면 확실한 공감을 얻을 수 있다. 그 예로 다음과 같은 것들이 있다.

팁 내가 내는 모든 아이디어가 상황에 적합한 것은 아니다. 아껴두자! 나중에 유용하게 쓰일지도 모르니까.

"하나의 문이 닫히면 또 다른 문이 열린다"

"돈은 나무에서 열리는 것이 아니다"

"강을 따라가면 바다에 닿을 것이다"

"두더지가 만든 흙더미를 산으로 만들지 말라"

"빙산의 일각"

공유와 검토를 습관화하자

5 공유

시각적 스토리텔링의 장점은 모두가 흥미를 느끼고 집중하게 만들 수 있다는 것이다. 하지만 더 중요한 것은 숨겨져 있던 감상과 추정, 아이디어들을 찾아낼 수 있다는 것이다. 모든 정보를 명확하게 보여주기 때문에 청자들이 특정 사실을 지적하고 피드백을 제공하는 데 도움이 된다.

6 검토

언제나 개선의 여지는 남아 있다. 스스로에게 물어보자. 뭔가 빠뜨린 것은 없나? 너무 과하지 않은가? 빼도 상관없는 것은 무엇일까? 다른 사람들에게 비판적인 피드백을 요청하는 것도 도움이 된다. 내용에 초점을 맞출 수도 있고 시각화나 프레젠테이션 기술에 초점을 맞출 수도 있다. 어느 쪽이든 열린 마음을 가지자. 미처 보지 못했던 단점을 발견하게 될 수도 있으니까.

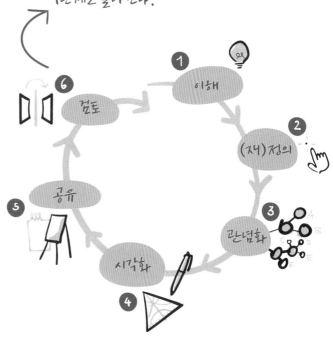

공유와 개선: 내가 만든 시각적 스토리에 중복되는 부분들이 있을 수도 있다.

만약 그렇다면 크리에이티브 사이클의 1단계로 돌아간다.

팁 시각화한 결과물을 사진으로 찍어두면 다양한 소셜 미디어 플랫폼에서 쉽게 공유할 수 있다.

3.3. 스토리는 은유를 타고

바로 사용하거나 혹은 영감을 얻는 데 도움이 될 템플릿들을 아래에 실었다.

선택한 은유를 과감하게 최대한 많이 활용하자. 사과, 전기톱, 바리케이드, 북극곰,

돋보기 등등 적절한 이미지도 넣어본다.

일기 예보

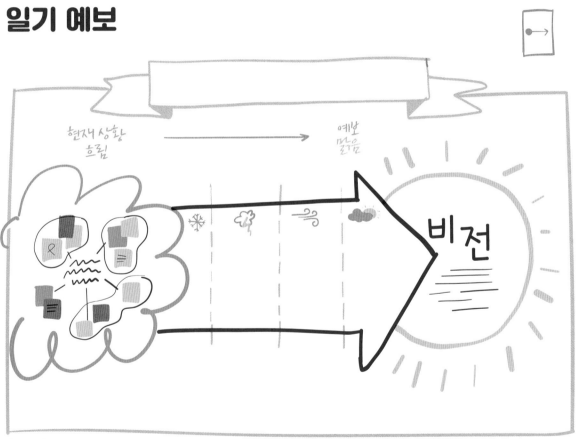

BASED ON "GRAPHIC GAMEPLAN" BY DAVID SIBBET

스토리를 발전시키는 데 필요한 시각적 어휘를 찾고 있는가? 여기 몇 가지 예를 소개한다. 다만 여러분 주변에도 은유와 아이디어를 얻는 데 도움을 줄 훌륭한 시각적 사고자들이 있다는 점을 잊지 말자.

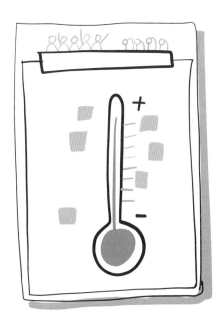

활동 템플릿

빙산

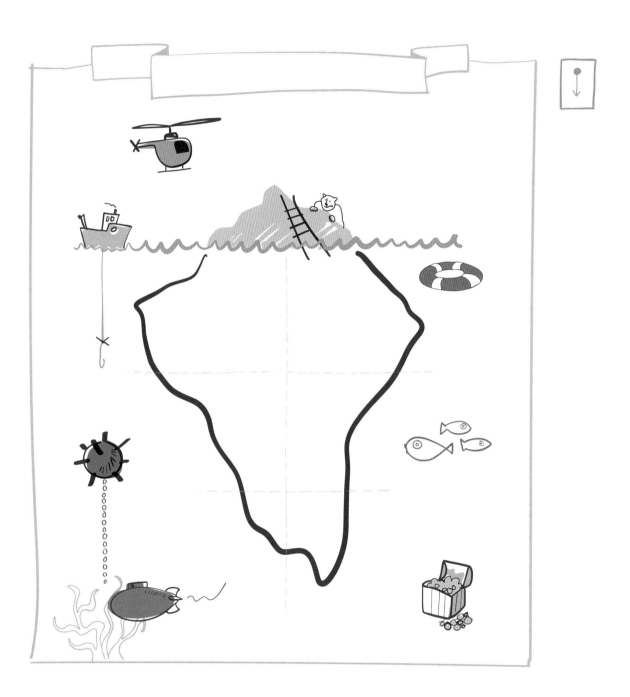

포스트잇을 활용해
정보를 수집한다.

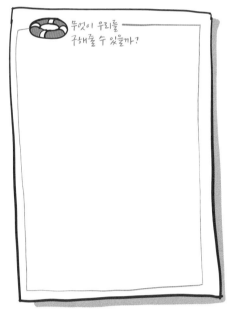

무엇이 우리를
구해줄 수 있을까?

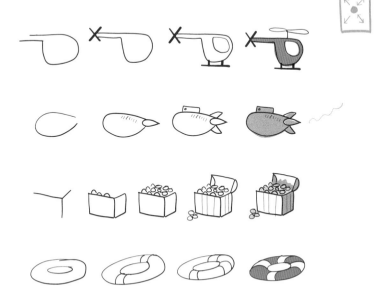

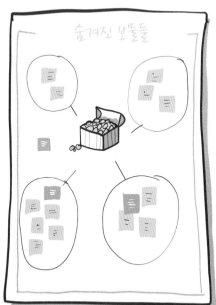

숨겨진 보물들

로드맵

목표

여러 가지 전망

지름길

결승선

해리포터

강점

약점

기회

위험

고정관념을 벗어난 사고를 해보자! 유명한 책(캐릭터)이나 영화를 응용해서 재미를 더할 수도 있다! 〈해리 포터〉 같은 영화나 시리즈의 유명한 장면 혹은 테마를 활용한다. 내 여정에서 만나게 될 여러 가지 위험과 기회들을 〈반지의 제왕〉에 비유하여 소개한다면 얼마나 멋질까?

포스터

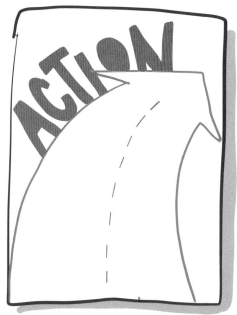

팁: 회의 참가자들의 논의가 딴 방향으로 샌다면 그 내용을 보관용 보드에 쓴 다음 다시 원래 주제로 돌아온다(그리고 회의 막바지에 보류해둔 내용을 다시 이야기하겠다고 약속한다).

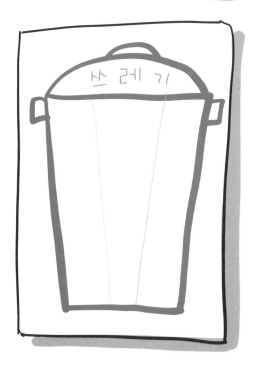

갈색 종이 벽

AMBITION 포부
MOMs
향후 3년 | 의미 있는 순간들 | 핵심 주제 | 고객 기회 | 장애물
제품 로고
성공 요인
팀명

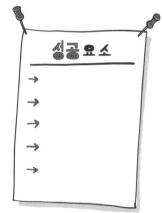

성공요소
→
→
→
→
→

성공 요소부터 정리하면서
현재 상황을 점검하자.

팁 먼저 긴 갈색 종이를 벽 위에 붙인다. 길이가 10미터 이상은 되어야 한다!

팁 시험 삼아 작은 종이 위에 검은색과 회색 마커를 사용해본다. 흰색 마커를 추가로 사용하면 더 효과적이다. 갈색 종이 위에 흰색을 쓰면 굉장히 근사한 효과를 낼 수 있다.

갈색 종이 벽은 판매, 제품 개발, 사업 계획을 짜거나 조직 내 프로세스 맵을 만들 때 유용하다. 장기적인 전략이나 비전을 확정하고 조율하는 데도 자주 사용된다. 다양한 요소를 많이 담을 수 있기 때문에 여러 번의 회의를 거쳐 벽을 채우는 것이 좋다.
3, 4일간 계속되는 행사에 활용할 수도 있다!

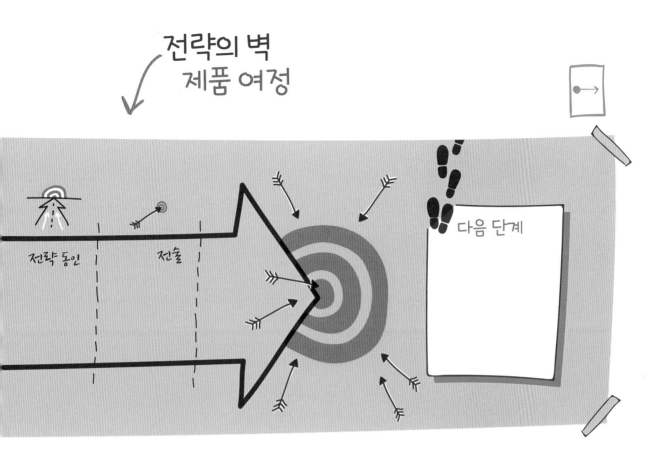

전략의 벽
제품 여정

전략 동인   전술

다음 단계

템플릿을 만든 후 조금씩 채워나간다. 각 부분을 그룹별로 나누어 채워도 된다.

이 벽을 계속 확인함으로써 큰 그림을 놓치지 않고 때때로 새로운 발견을 했을 때 프레젠테이션을 통해 알릴 수 있다.

회의에 참석한 모두가 포스트잇에 그림을 그려 참여할 수 있게 한다.

이 방법을 사용하면 토론을 유도하고 여러 사람의 아이디어를 정리하는 데 도움이 된다. 마지막 회의 시간에 모든

부분을 채우고 요약하며 결론을 이끌어내자.

갈색 종이 벽은 시각적 소통을 통해 업무 회의 효과를 높이는 좋은 방법이다. 4장에서는 업무에 그림을 활용하는 구체적인 예시 9가지를 소개한다.

팁 마지막 부분에 '다음 단계' 혹은 '향후 활동'을 적을 수 있는 시트를 추가하는 것도 좋다. 이렇게 하면 즉시, 혹은 가까운 미래에 해야 할 일들에 초점을 맞출 수 있다.

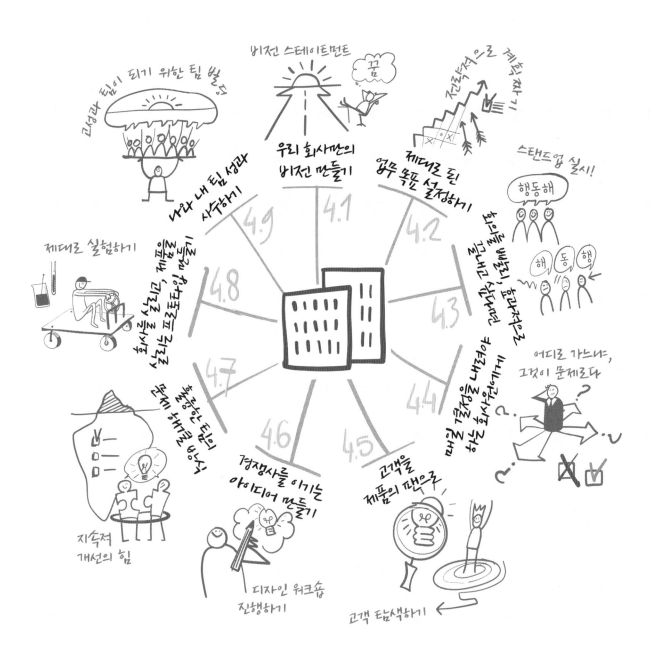

비전 스테이트먼트

꿈

고성과 팀이 되기 위한 팀 빌딩

점진적으로 계획 짜기

스탠드업 실시!

행동해

나와 내 팀 성과 자랑하기

우리 회사만의 비전 만들기

제대로 된 업무 목표 설정하기

해 동 행

4.9   4.1   4.2

제대로 실험하기

회사를 흔들고, 새로운 소식만 프로토타입 만들기

4.8

4.3

올바른 고객 찾아내기, 훌륭한 실험 디자인 만드는 법

어디로 가느냐, 그것이 문제로다

4.7

4.4

훌륭한 팀이 문제 해결 방식

4.6

4.5

경쟁사를 이기는 아이디어 만들기

고객을 제품의 팬으로

지속적 개선의 힘

디자인 워크숍 진행하기

고객 탐색하기

4. 비즈니스 현장에 비주얼 씽킹 적용하기

오늘날의 업무 환경은 사실, 수치, 계획, 방법, 예산, 기한 등에 좌우될 때가 많다. 일하는 분야가 기술이든 금융 서비스든 의료 서비스든 제조업이든 간에 시각적 사고는 나와 동료들의 업무 효율을 높이는 데 도움이 된다.

흔히 지난 프로젝트를 돌아보다 보면 한 발짝 물러서서 더 큰 그림을 볼 여유가 없었다는 사실을 깨닫곤 한다.

이 장에서는 팀을 이뤄 특정한 목표를 달성해야 하는 일반적인 비즈니스 상황 9가지를 소개한다. 시각적 사고와 협업 기법은 이러한 상황에서 팀원들의 '뇌 기능 전체'를 활성화하여 목표를 더 빠르고 효과적으로 이룰 수 있게 도와준다. 각 상황에서 실제로 유용하게 쓸 수 있는 기법들도 알아보자.

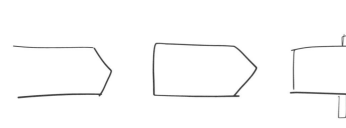

4.1. 우리 회사만의 비전 만들기 비전 스테이트먼트

목적과 비전을 명확히 정하는 일은 목표 설정의 첫 단계이다. 대부분의 기업은 자사의 미래관을 요약한 비전 스테이트먼트^{vision statement}를 갖고 있다. 비전 스테이트먼트를 보고 해당 기업을 맞히는 연습을 해보는 것도 재미있다.

예를 들면 위키피디아^{Wikipedia}는 우리에게 "모든 사람이 인류의 모든 지식에 자유롭게 접근할 수 있는 세상을 상상"해보라고 말한다. 기업의 목표를 그저 '세계 최고의 기업·제품 만들기'나 '세계 최고 수준의 서비스·상품 제공하기'로 정해놓은 비전 스테이트먼트는 그 효과가 덜하다. 영감을 줄 수 있을지는 몰라도 이런 애매한 문장으로 확실한 방향을 제시할 수 있을까?

비전을 몇 마디로 압축하기란 쉽지 않다. 시각화 기술을 활용하면 내 비전을 고무적이면서도 포괄적인 형태로 정리할 수 있다.

이 파트에서 배울 내용

> 시각적 협업 기법: 회사의 비전이 어처구니없을 때

✓ 내 조직의 목적 찾기

✓ 비전 보드

✓ 골든 서클: 왜, 어떻게, 무엇을

✓ 심장과 머리 테스트

상황 설정

비전 설정에는 일반적으로 [누가] 참여하는가?

• 조직의 목적과 비전은 경영진의 책임이므로 일반적으로 이들이 주체가 된다. 하지만 이들의 목적과 비전이 조직 전체에 공유되고 제도화되어야 한다.

• 최고 경영진만 비전을 개발하는 것은 아니다. 조직 내 특정 직무 분야와 계층의 향후 방향을 다룬 비전도 필요하다.

• 때로는 카리스마 있는 지도자가 비전을 만들고 전파하기도 한다. 하지만 대개 경영진들에게는 미래의 비전을 정하기 위한 아이디어와 대화가 필요하다.

• 경영진이 조직 구성원들에게 회사의 미래에 대한 아이디어를 요청할 수도 있다. 이런 경우 경영진은 구성원들의 재능과 통찰력을 최대한 활용한다.

• 일반적으로 조직 내 전략 담당 부서와 외부 전략 컨설턴트가 비전 설정 과정에 조언자 역할로 참여한다.

조직은 **언제** 그리고 어디에서 비전을 (재)설정하는가?

- 빠르게 변화하는 세계에서는 비전과 관련 전략도 역동적이어야 한다. 향후 10년 간 조정이 불가능한 비전을 설정하는 것은 지나치게 위험한 일이다.
- 보통 3~5년마다 조직의 비전과 전략을 설정하고 매년 검토를 거친다.
- 조직 내 여러 직무와 계층의 비전이 회사 전체의 비전에 부합하는 것이 중요하다.
- 기민한 조직이라면 각 팀의 목적이 회사의 목적, 비전과 일치해야 한다.
- 일반적으로 조직의 목적과 비전은 '오프사이트off-site'라 불리는 과정 중에 (재)창조 된다. 모두가 일상적인 환경을 벗어나 외부에서 모이는 행사를 의미하는 말이다.

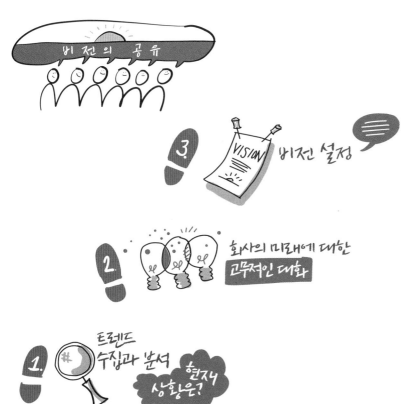

비전 설정 과정 중에는 **무엇을** 하는가?

- 비전 설정은 미래를 꿈꾸는 일이다. 그 과정을 조율하는 방법은 다양한데, 어떤 방법을 선택할지는 회사의 상황과 경영진의 요구에 달려 있다.
- 일반적으로 세 가지 단계로 이루어진다: 첫 번째 단계는 트렌드를 수집하고 분석하는 것, 두 번째 단계는 고무적인 대화를 통해 회사의 미래에 대한 아이디어를 공유하고 종합하는 것, 세 번째 단계는 비전을 설정하는 것이다.
- 이러한 과정의 일환으로 일부 경영진은 향후 비전을 (재)설정하기 전에 실리콘 밸리 등에 있는 성공적인 기업을 견학하기도 한다.

시각적 협업 기법: 회사의 비전이 어처구니없을 때

내가 회사의 목적과 비전을 설정하기 위해 개최된 오프사이트 행사의 준비를 맡고 있는 팀의 일원이라고 상상해보자. 나는 현재 회사의 비전이 너무 막연하며, 조직 구성원들이 주도적으로 활동하기에 충분한 방향성과 영감을 제공해주지 못한다고 생각한다. 따라서 나의 목표는 기존의 비전과 달리 명확하고, 목적지향적이고, 고무적이고, 회사의 미래에 대한 방향을 제시해줄 수 있는 비전을 만드는 것이다. 어떻게 하면 오프사이트를 활용하여 이러한 목표를 달성할 수 있을까?

아래에서 내 팀에 도움이 될 시각 기법 네 가지를 소개한다.

내 조직의 목적 찾기

조직의 존재 이유를 이해하면 단지 이윤이나 비용 감소만 추구하지 않고 목적지향적 변화를 이끌어낼 수 있다. 목적은 전략을 명확히 하고, 혁신을 추동하며, 브랜드 가치를 창조할 수 있게 해준다. 또한 인재를 유지하는 데도 중요한 요소이다. 하지만 조직의 목적을 확정하는 일이 그리 만만치만은 않다. 공개회의를 할 경우 길고 산만한 토론이 되거나 근본적인 '왜?'라는 의문에 답을 얻지 못하게 될 수도 있다. 네 가지 질문으로 이루어진 단순한 모형을 채우는 방법으로 내 조직의 목적을 찾아본다.

1. 우리는 무엇을 사랑하는가?
2. 세상에는 무엇이 필요한가?
3. 우리는 무엇을 잘하는가?
4. 우리는 무엇으로 돈을 벌 수 있는가?

조직의 목적은 이 네 가지 질문의 답에서 찾을 수 있다.

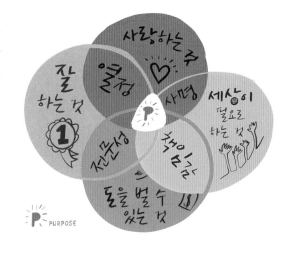

#팁:
네 가지 질문을 각각 다른 색으로 칠한다. 각 원이 교차하는 지점에 가장 중요한 단어를 쓴다. 브레인스토밍을 통해 궁극적인 목적을 찾아낸다.

팁 다차원적인 목표 설정에는 다양한 분야의 의견과 최고 경영진의 주인의식이 필요하다는 점을 기억하자. 조직 내의 다양한 지역과 국가 출신을 참여시키는 것도 좋다. 서로 다른 문화권의 직원들은 목적이나 가치 같은 주제에 관해 서로 다른 신념을 가지고 있을 수도 있으니까.

비전 보드

- 비전 보드는 목표를 이미 달성한 것처럼 시각화해서 나타낸 것이다.

- 비전 보드를 만들 때는 비전과 목표의 세부 사항을 표현할 수 있는 이미지들을 찾는다. 그러면 집중해야 할 부분을 명확히 하는 데 도움이 된다.

- 비전 스테이트먼트를 관련 키워드, 주제별로 나누고 이미지를 추가하여 구조화한다. 비전 스테이트먼트는 은유를 통해 시각화할 수 있다. 미래의 비전이 고객, 직원, 투자자, 그리고 주주들에게 어떻게 보일지 시각화하여 상상해볼 수 있다.

- 보드가 완성되면 잘 보이는 곳에 두어 수시로 팀의 목적을 상기할 수 있도록 한다. 동료들이 포스트잇을 붙이거나 그림을 그리는 등의 방식으로 추가할 수 있게 한다.

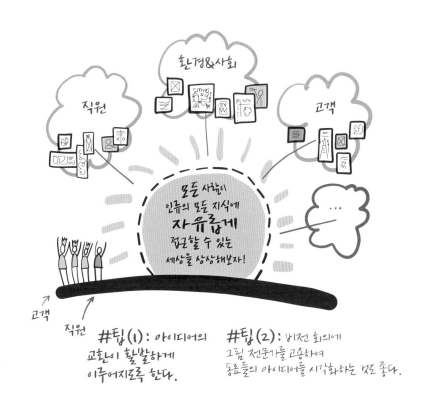

#팁(1): 아이디어의 교환이 활발하게 이루어지도록 한다.

#팁(2): 비전 회의에 그림 전문가를 고용하여 동료들의 아이디어를 시각화하는 것도 좋다.

#팁: 비전 스테이트먼트를 헤더 안에 넣는다.

골든 서클: 왜, 어떻게, 무엇을

- 『나는 왜 이 일을 하는가?』의 저자이자 세계적 강연가인 사이먼 사이넥Simon Sinek이 창안한 '골든 서클Golden circle'은 조직과 개인이 작동하는 세 가지 단계, 즉 '무엇을, 어떻게, 왜'를 보여주는 단순한 모형이다.
- 모든 기업은 자신들이 무엇을 하는지 알지만 그 이유를 아는 기업은 소수라는 사실에서 나온 개념이다.

- 성공적인 조직은 구성원들과 솔직하게 소통한다. 그들은 먼저 그 일을 하는 이유와 목적을 설명한다. 이렇게 하면 사람들이 적극적으로 행동하게 만들 수 있다.
- 이 모형은 회사의 목적을 설득력 있는 스토리로 구조화할 수 있는 간단한 방법이다.

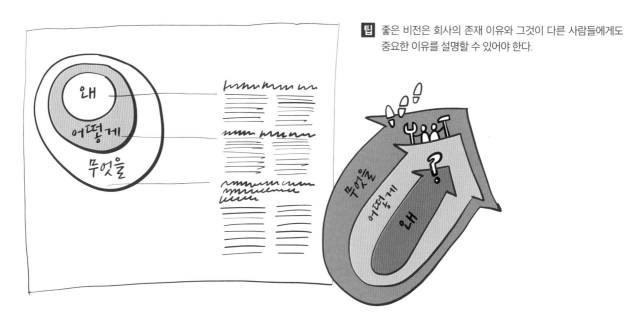

팁 좋은 비전은 회사의 존재 이유와 그것이 다른 사람들에게도 중요한 이유를 설명할 수 있어야 한다.

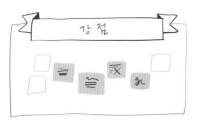

팁 강점과 개선해야 할 점들을 별도의 보드에 정리한다.

심장과 머리 테스트

- 사람들이 내 목적과 비전에 어떻게 반응하는지 경험해보는 것이 중요하다.
- '심장과 머리'라는 간단한 테스트로 두 가지 질문을 던져보는 방법을 추천한다.

  A. 심장이 어떻게 반응하는가?: 어떻게 느끼는가?

  B. 머리가 어떻게 반응하는가?: 어떻게 생각하는가?

- 이 테스트는 사람들이 좋아하는 것과 싫어하는 것, 그리고 그 이유를 파악할 수 있게 해준다. 예를 들면, '내 목표와 비전은 충분히 명확한 영감과 방향을 제공하고 있는가?'
- 비전에 대한 최초의 반응을 포착해야 하니, 미리 공유하지 말자. 두 개의 플립 차트를 활용해 피드백을 얻어도 좋다. 피드백을 구조화하여 장점과 유지해야 할 점, 개선해야 할 점에 초점을 맞출 수도 있다.

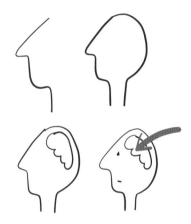

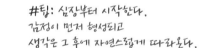

#팁: 심장부터 시작한다. 감정이 먼저 형성되고 생각은 그 후에 자연스럽게 따라온다.

장점

- 사람들의 관심을 끄는 좋은 방법이다.
- 시각 자료로 건설적인 반응을 이끌어낼 수 있다.
- 비전 보드를 만들어놓으면 매일 보면서 상기할 수 있다.
- 사람들의 창의력을 자극한다.
- 사람들에게 투명성, 영감, 방향을 제공할 수 있다.
- 목표 설정의 기초이자 시작점이 된다.

4.2. 제대로 된 업무 목표 설정하기 전략적으로 계획 짜기

미래를 상상하는 것과는 별개로 내 비전이 충분히 야심 차다면 그것을 이루기 위해 몇 년간 노력을 들여야 한다. 전 세계적으로 존경받는 컨설턴트이자 저술가인 잭 웰치Jack Welch는 이렇게 말했다. "훌륭한 경영자는 비전을 창조하고, 명확하게 전달하고, 열정적으로 추구하며, 비전 달성을 위해 끊임없이 매진하는 사람이다." 문제는 빠르게 변화하는 세계에서 어떤 식으로 비전 달성을 추진해나갈 것인가이다. 오늘날의 역동적인 환경에서 많은 기업들은 좀 더 기민한 조직으로 변화해가고 있다. 하지만 기민하다고 해서 그들에게 계획이 중요하지 않다는 뜻은 아니다. 예를 들어 2016년,

마크 저커버그Mark Zuckerberg는 페이스북의 향후 10년 로드맵을 발표했다. 여기에서 그는 핵심 사업의 단기 계획을 3단계로 나누어 제시했다. 1단계 이후 매체별로 2, 3단계를 통해 장기적인 성장을 도모한다는 내용이다. 기민하다는 것은 반복과 실험을 기초로 이러한 계획들을 상황에 맞게 빠르게 조정해나가야 한다는 뜻이기도 하다. 시각화는 이런 과정에 도움을 주는 강력한 도구이다.

상황 설정

목표 설정과 계획에는 일반적으로 `누가` 참여하는가?

- 목표 설정과 계획은 조직의 모든 층위에서 이루어진다.
- 일반적으로 기업의 목표와 전략 계획은 경영진이 내놓는다. 그리고 각 직무와 부서의 책임자들이 이 목표를 해석하여 자신들의 책임 범위에 맞는 작은 계획들을 세운다. 운영팀들도 일상적인 업무에 대한 목표와 계획들을 세운다.
- 재무 담당 부서는 계획 사이클이 원활히 돌아가도록 돕고 이것을 예산·자원에 맞춰 조정한다.

이 파트에서 배울 내용

> 시각적 협업 기법:
과거에 머물지 않기
✔ 생명의 나무
✔ 미래로 가는 길
✔ 사용자 스토리 맵 만들기

목표 설정과 계획은
언제 그리고 어디에서 이루어지는가?

- 기업 경영진은 3년, 5년 또는 10년 단위의 계획을 세우고 주기적으로, 예를 들어 6개월이나 1년에 한 번씩 전략을 업데이트한다.
- 하지만 실무진에서는 2주간의 개발 스프린트development sprint를 진행하기도 하고, 일일 스탠드업 회의를 통해 업무량을 배분하거나 일일 업무 스케줄을 짜기도 한다.
- 계획 설정은 중역 회의실부터 일반 사무실까지 회사 전체에서 이루어진다.

"나는 계획이
맞아 들어갈 때가
정말 좋아"

-존 '한니발' 스미스, 영화 〈A-특공대〉중

목표 설정과 계획 과정에서는
무엇을 하는가?

- 첫 번째, 동기와 영감을 제공해줄 목표를 설정해야 한다. 외부의 기대와 내부의 역량에 맞는 목표여야 한다.
- 두 번째, 현재 상황을 파악해야 한다.
- 세 번째, 목표 달성 방법을 계획할 때는 세 가지를 관리해야 한다. 바로 업무의 범위, 필요한 시간과 자원이다. 예를 들어 애자일 스크럼 기법에서는 주로 업무 범위에 초점을 맞추며, 활용 가능한 시간과 자원은 비교적 고정되어 있다. 반면 좀 더 전략적인 단계에서는 정해진 기간 동안 목표를 완수하는 데 필요한 자원에 초점을 맞춘다.

시각적 협업 기법: 과거에 머물지 않기

미래에 대한 비전을 가지고 있다고 상상해보자. 다음 과제는 조직원들과 함께 그것을 이루기 위해 필요한 일들을 해나가는 것이다. 이것은 기업 수준에서 이루어질 수도 있고 부서나 팀 차원에서 이루어질 수도 있다. 우선 목표를 설정하고 계획을 세워야 한다. 어떻게 시작할지, 어떤 도구를 사용할지는 조직의 상황과 내 변화 대응 방식에 달려 있다.

모든 상황에 들어맞는 방법이란 없다. 다만 계획을 세우는 데 도움을 줄 몇 가지 시각화 기술을 소개한다.

생명의 나무

- 이 나무는 사업 계획을 시각적으로 보여줄 수 있는 훌륭한 은유이다.
  - A. 나무가 자라려면 물이 필요하다: 우리는 어떤 자원을 투자해야 하는가?
  - B. 줄기는 나무가 자라나기 위한 기초이다: 우리의 핵심 가치는 무엇인가?
  - C. 나뭇가지는 나무가 자라는 방향을 보여준다: 우리의 전략적 줄기들과 목표는 무엇인가?
  - D. 사과는 결실이다: 우리가 얻고자 하는 이득은 무엇인가?
- 시각 자료는 계획을 요약하고 전달하는 데 도움을 준다.

팁: 이 나무를 모두 함께 만들고 키워본다.

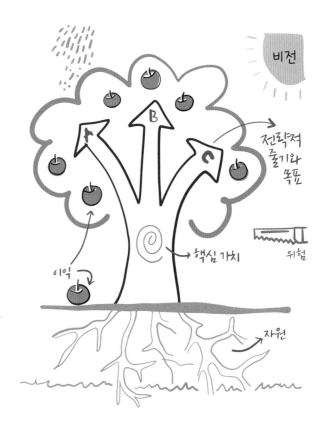

팁 목표를 'S.M.A.R.T.' 하게 만들자. 그리고
각 목표별로 체크 리스트를 만들어 활용
해보자.

S. 구체적(Specific): 달성하려는 목표가
    명확한가?

M. 측정 가능(Measurable): 달성 여부를
    어떻게 알 수 있는가?

A. 달성 가능(Attainable): 목표를 관리
    가능한 부분들로 나누어 실행할 수
    있는가?

R. 현실적(Realistic): 목표를 이루는 것
    이 가능한가? 너무 어렵거나 쉽지
    는 않은가?

T. 시간 제한적(Time-bound): 목표일은
    언제인가?

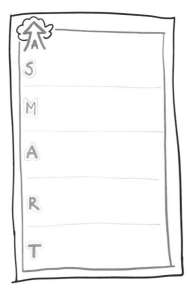

[개미]

미래로 가는 길

• 비전과 목표가 명확하다면, '미래로 가는 길'은 그것에 도
  달하는 방법을 시각화할 수 있도록 도와준다.

• 사람들의 참여를 유도하고 싶다면 갈색 종이와 포스트잇
  을 사용해 함께 계획을 짜본다.

• 일반적으로 비전과 목표는 길의 끝부분에 표시한다.

• 계단은 장기적인 전망을 나타낼 수도 있고 단기적인 전략,

운영 단계를 나타낼 수도 있다.

• 메인 차트의 단계별로 활동 시트를 따로 만들어 세부 사항
  을 보충한다. 예를 들면 초기 계획의 활동 시트에는 책임
  자, 목적에 대한 설명, 지향하는 가치, 그리고 필요한 팀·
  자원 등을 표시한다.

10년 로드맵

NEXT ⑩

NEW ❺

NOW ❸

O X △

수익/가치

시간(년)

■ : 전략과제

활동	누가	무엇을	언제
X	채용 책임자	UX 디자이너 5명 채용	2017년 3월
O	=	=	
△			

대안 템플릿

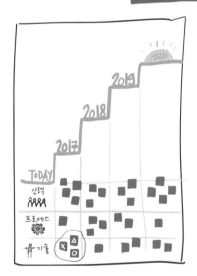

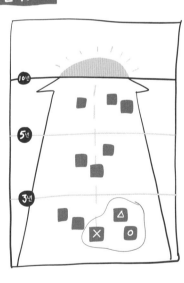

팁 가능성(길)을 가로막는 위험 요소나 의미 있는 순간들 같은 부가적인 요소를 더하면 길이 눈에 좀 더 잘 들어온다.

사용자 스토리 맵 만들기

- 애자일 프로세스 코치인 제프 패튼Jeff Patton이 개발한 스토리 매핑 기법은 애자일 개발 맵을 만들어 새로운 앱 등의 제품을 개발할 때 도움이 된다. 모든 구성원이 요구 조건들을 매핑하는 데 참여할 수 있다.
- 먼저 사용자 과제, 즉 사람들이 해야 하는 일을 수집한다. 항공사 앱의 경우 '사용자 프로필 편집', '비행 예약', '업그레이드 요청' 같은 것들이다. 보통 사용자 과제는 포스트잇에 쓰는 동사 하나에서 시작된다. 이 단계는 5~10분 정도밖에 걸리지 않는다.
- 그다음에는 참여자들이 비슷한 과제들끼리 묶고, 겹치는 것들은 지운다. 각 과제 그룹 위에 또 다른 색의 포스트잇을 붙이고 그 위에 사용자 활동의 명칭을 적는다. 제프 패튼은 이것을 스토리 맵의 뼈대라고 부른다.
- 이제 관련 사용자 스토리로 세부 사항을 채운다. 사용자 스토리는 사용자가 원하는 것을 '〈누구는〉, 〈무엇을〉, 〈왜〉 원한다'의 형태로 간단하게 표현한 것이다. 다른 색 포스트잇 위에 사용자 스토리를 적는다.
- 마지막 단계는 사용자 스토리들을 릴리스/스프린트별로 나누어 우선순위를 매기는 것이다. 특히 첫 번째 릴리스에서는 최소 기능 제품Minimal Viable Product, MVP의 범위를 가능한 한 좁힌다.
- 스토리 맵은 고정된 것이 아니다. 업데이트하고, 우선순위를 다시 매기고, 매주 스토리를 추가 또는 제거할 수 있다.

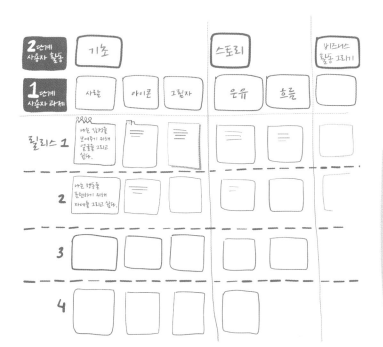

팁 사용자 과제와 사용자 스토리는 대화 없이 브레인스토밍만으로 창의력을 끌어올려 수집해본다. 사용자 활동은 대화를 하면서 정해도 된다.

장점

- 모두가 적극적으로 참여하고, 주인 의식을 가지며, 서로 의견을 조율할 수 있다.
- 내가 세운 스토리를 제대로 이해하고 동료에게 잘 전달할 수 있다.
- 계획 또는 스토리들 사이에 겹치는 부분이나 상호 의존적인 부분을 파악하기 쉽다.

4.3. 회의를 빨리, 효율적으로 끝내고 싶다면 스탠드업 실시!

많은 기업들이 정보 공유를 위해 회의를 가진다. 스탠드업 stand-up은 비교적 새로운 정보 공유 방법으로 애자일 스크럼을 개발한 켄 슈와버Ken Schwaber와 제프 서덜랜드Jeff Sutherland의 프로젝트 관리 기법의 일부이다. 자율적인 팀들이 짧은 스프린트를 통해 반복적, 점진적으로 일을 해나가는 방식이다. 스탠드업은 프로젝트 팀들이 모여 공유하고 있는 목적과 목표를 일치시키는 과정이다. 그 목표들을 달성하기 위해 각자의 업무 상황을 업데이트하고 미래의 계획된 활동에 관해 의논한다.

즉, 팀 전체가 모여 짧은 시간 동안 진행 상황을 공유하는 것

이다. 이러한 스탠드업은 조직 내의 서로 다른 충위와 환경 간에 정보를 공유하는 데도 효과적이다. 예를 들면 스포티파이Spotify 사는 '스크럼 오브 스크럼Scrum of Scrums'이라는 방법을 활용해 여러 팀 간에 정보를 공유한다.

상황 설정

스탠드업에는 일반적으로

누가 참여하는가?

스탠드업에는 모든 팀원이 참여해야 한다. 대부분의 경우 팀의 계획에 대해 더 알고 싶고, 팀 목표 달성 과정에 기여하고 싶은 사람이라면 누구든 참여할 수 있다.

이 파트에서 배울 내용

> 시각적 협업 기법: 고난을 극복하자

✔ 칸반 보드

✔ MoSCoW

✔ 티셔츠 사이징

✔ 번다운 차트

스탠드업은 언제 , 그리고 어디에서 이루어지는가?

스탠드업은 '같은 장소, 같은 시간'이라는 원칙을 따른다. 보통 매일 열리고, 시간은 15분을 넘기지 않으며, 실제 업무가 이루어지는 장소에서 열린다. 모든 팀원이 일어서서 회의를 하는 것이 중요하다.

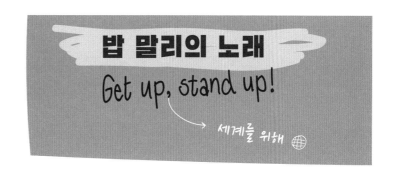

스탠드업 동안에는 무엇 을 하는가?

일일 스탠드업 동안 모든 프로젝트 팀원은 어떤 방해도 받지 않고 엄격한 규칙에 따라 업무 상황을 업데이트한다. 어제 한 일, 오늘 할 일, 그리고 진행에 방해가 됐거나 되고 있는 장애 요소를 공유하면 된다. 때로는 말이 너무 길어져서 복잡한 스토리로 빠지거나, 사담을 나누거나, 혹은 문제점을 듣자마자 해결하려는 사람이 있을 수 있다. 이런 상황은 일일 스탠드업의 목적이 아니다! 일일 스탠드업이 너무 길어지면 에너지가 저하되어 참여자들의 집중력이 떨어지게 된다.

시각적 협업 기법: 고난을 극복하자

내가 일일 스크럼daily scrum을 갖는 팀의 일원이라고 상상해보자. 스탠드업 시작 몇 분 전, 사무실에 들어와서 커피를 마시면서 어떻게 하면 팀의 동력을 변화시켜 모두에게 좀 더 의미 있는 시간으로 만들 수 있을지 고민하고 있는 것이다. 이때 일반적인 3가지 질문 대신 동료들에게 내가 어제 어떻게 세상을 바꿨는지, 오늘은 어떻게 목표를 이뤄낼 것인지, 현재 장애 요소를 어떻게 뚫고 나갈 것인지 이야기할 수도 있다.

지금부터 소개할 시각적 사고와 협업 기법도 알고 있으면 도움이 될 것이다.

칸반 보드(KANBAN BOARD): 팀의 업무와 과제 파악하기

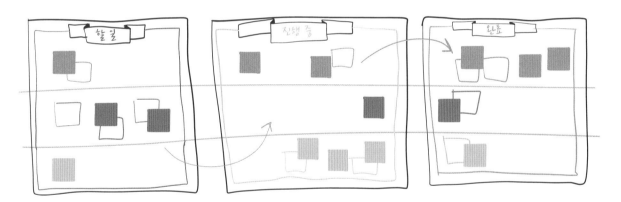

칸반 보드를 활용하면 팀의 업무와 과제를 시각화하여 업무 흐름을 원활하게 하는 데 도움이 된다. 가장 간단한 형태의 칸반 보드는 할 일, 진행 중인 일, 완료한 일 등 3단으로 구성된다. (토요타 사의 생산 방식에서 영감을 얻은 기법이다.) 포스트잇을 왼쪽에서 오른쪽으로 옮기는 것은 업무의 진척을 나타낸다. 여러 가지 색의 포스트잇으로 과제들을 분류하는 것이 좋다. 포스트잇은 일관된 방식으로 사용한다. 또한 포스트잇에 설명을 쓸 때는 짧고 명확하게 작성하고, 항상 지시하는 동사를 넣는다.

#팁: 동사가 들어가는 짧고 명확한 문장

내비게이션 요소를 디자인해라

내비게이션 구조를 실행해라

굵고 글씨로 쓸 것

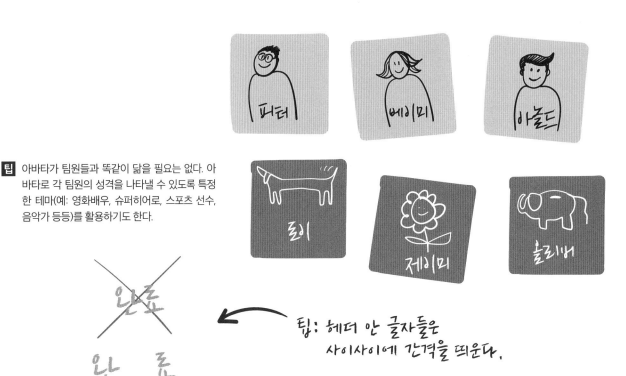

팁 아바타가 팀원들과 똑같이 닮을 필요는 없다. 아바타로 각 팀원의 성격을 나타낼 수 있도록 특정한 테마(예: 영화배우, 슈퍼히어로, 스포츠 선수, 음악가 등등)를 활용하기도 한다.

안 죠

팁: 헤더 안 글자들은
사이사이에 간격을 띄운다.

MoSCoW: 반드시 필요한 것, 중요한 것, 있으면 좋은 것, 있을 수도 있는 것

MoSCoW 기법은 초점을 맞춰야 할 사용자 스토리를 결정하기 위해 우선순위를 매기는 방법으로 must have, should have, could have, would have의 약자이다. MoSCoW는 고객에게 중요한 순서대로 사용자 스토리의 순위를 정할 수 있게 해준다. 이렇게 하면 팀이 초점을 맞춰야 할 부분을 알게 되고, 스프린트가 끝날 때 최소 기능 제품이나 서비스를 내놓을 수 있는 가능성이 높아진다. 칸반 보드에 '중요하지만 꼭 필요하진 않은 것'과 '있으면 좋은 것'을 여러 개 적어 놓는 것이 좋다. 그러면 주어진 기한 안에 업무를 완수하는 데 필요한 약간의 유연성을 확보할 수 있다.

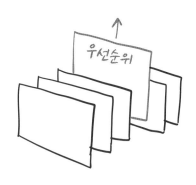

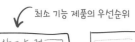
최소 기능 제품의 우선순위

없으면 안 되는 것
M

중요하지만
꼭 필요하진 않은 것
S

있으면 좋은 것
C

중요하지 않은 것
W

Developed by DAI CLLEG

M
〈누구〉는
〈무엇〉을 원한다
〈왜〉

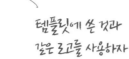
템플릿에 쓴 것과
같은 로고를 사용하자

티셔츠 사이징: XS - S - M - L - XL

칸반 보드 위에 사용자 스토리 또는 과제를 완수하는 데 들어가는 노력을 나타낼 때 티셔츠 사이즈(XS, S, M, L, XL)처럼 눈길을 끌 수 있는 요소를 사용한다. 과제의 우선순위를 정할 때는 필요한 작업량이 아니라 다른 과제들에 비해 상대적으로 얼마나 중요한가를 알아야 할 때가 많다. 일일 스탠드업 동안 모든 팀원이 사용할 수 있는 티셔츠 사이즈 카드를 만들면 새로운 과제를 완수하는 데 들어가는 노력을 좀 더 빠르게 평가할 수 있다. 제임스 그레닝James Grenning의 '플래닝 포커Planning Poker'에 기초한 방법으로 마이크 콘Mike Cohn의 저서 『불확실성과 화해하는 프로젝트 추정과 계획Agile Estimating And Planning』을 통해 대중화되었다.

사용자 스토리 1

XL 보다 큰가?
스토리를 쪼개라!

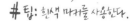
#팁: 흰색 마커를 사용한다.

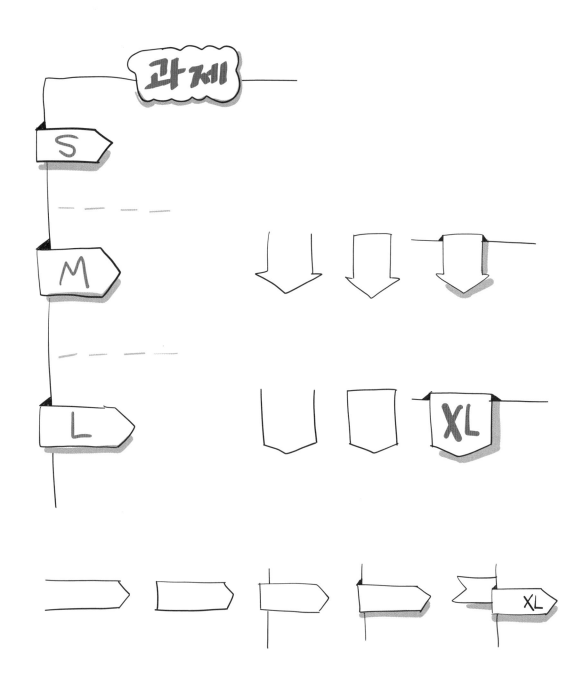

번다운 차트: 업무 진척도 파악하기

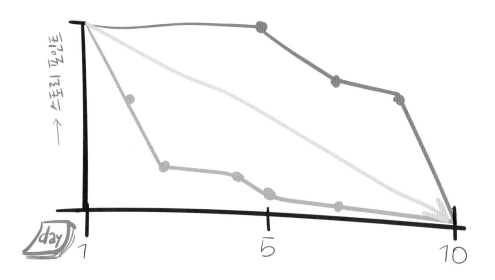

↑ 스토리 포인트

day
1   5   10

⚋⚋⚋ 이상적인 번다운 그래프
⚫⚋ 과로한 초기 작업량, 늦은 납품
⚫⚋ 잘못된 계획, 팀 역량을 다 활용하지 못함

진척도 보고를 번다운 차트로 대체한다. 컴퓨터로 보고서를 쓰는 대신 차트를 직접 만드는 것이다. 번다운 차트는 팀이 정해진 시간 안에 과제를 완수할 때까지 남아 있는 작업량을 파악할 수 있는 간단한 시각적 도구이다. X축은 작업 시간(ex: 10일)을 나타내고 Y축은 남아 있는 작업(ex: 과제 또는 스토리 포인트)의 양을 나타낸다. 계획했던 진행 상황과 실제 진행 상황을 2개의 선으로 표시한다. 일일 스탠드업을 마칠 때마다 칸반 보드 상에서 '완료'로 표시된 과제나 스토리 포인트의 숫자를 세어 번다운 차트를 업데이트한다.

장점

- 물리적인 소통은 과제에 더 강한 애착을 갖게 해준다.
- 포스트잇을 직접 옮기는 일은 재미도 있고 보람도 있다!
- 업무 환경을 개인화할 수 있다(ex: 아바타).
- 회의의 효율이 높아지고 쓸모없는 결과물이 줄어든다.
- 문제와 이의 제기가 더 빨라진다.

4.4 매일 결정을 내려야 하는 회사원에게
어디로 가느냐, 그것이 문제로다

우리는 매일 결정을 내린다. 인생을 바꿀 만한 중요한 결정도 있고 그저 메뉴를 고르는 간단한 결정일 때도 있다. 요즘은 로봇들도 우리 대신 결정을 내려주기 시작했다. 자동화의 증가로 기회뿐만 아니라 위험도 떠안게 된 이런 상황을 우리는 어떻게 받아들여야 할까? 이 상황은 오늘날 급변하는 세상 속에서 기업과 정책 결정자들이 내려야 하는 중요한 결정 중 한 가지 예일 뿐이다. 잘못된 결정을 내리면 수익성이 좋은 기회들을 놓치게 된다. 코닥Kodak 사가 필름 판매량 하락을 우려하여 1980년대에 개발한 디지털 사진 기술을 상용화하지 않기로 한 것은 잘못된 결정의 대표적인 예이다.

결국 코닥은 2012년에 파산 신청을 하게 된다.

정보를 시각화하고 구조화하는 방식은 의사 결정에 확실한 영향을 미친다. 따라서 시각 자료를 활용하면 의사 결정 과정을 훨씬 더 나은 방향으로 바꿀 수 있다.

상황 설정

의사 결정 과정에는 일반적으로 누가 참여하는가?

- 조직 내 의사 결정은 내부 구조를 중심으로 이루어진다.
- 경영진 회의에서는 일반적으로 임원CEO, CFO, COO들이 전략적 결정을 한다.
- 임원만 의사 결정을 내리는 것은 아니다. 팀장과 각 직무별 전문가들도 매일 업무 중에 전략적, 실무적 결정들을 내린다.
- 종종 실무를 담당하는 직원이나 외부 자문이 의사 결정을 준비하여 제안하기도 한다.

이 파트에서 배울 내용

> 시각적 협업 기법:
경영진의 시간을
절약해줘야 할 때
  ✓ 생각하는 모자
  ✓ 옵션 비교표
  ✓ 의사 결정 나무

CEO

CFO

COO

의사 결정은 `언제` 그리고 어디에서 이루어지는가?

- 기업의 의사 결정은 대개 공식적인 경영진 회의에서 이루어진다.
- 이런 회의는 주기적으로, 예를 들면 일주일에 한 번씩 열린다.
- 의사 결정은 종종 일정량의 불확실한 정보들을 기초로 이루어지며, 사실들을 수집하여 이런 정보의 양을 되도록 줄인다.
- 필요할 때는 특별 회의를 열어 여러 문제에 관한 결정을 내린다. 실제로 회의를 진행할 수도 있고, 화상 회의 또는 전화 회의를 할 수도 있다.

회색으로!

"감을 믿어라.
당신의 감은 대개
무의식 속에
저장되어 있는
사실들에
기초하고 있다."

-조이스 브라더스 박사
(Dr. Joyce Brothers)

동작선은 회색으로!

의사 결정 과정에서는 `무엇`을 하는가?

- 결정 과정을 잘 조율하지 않으면 생각들이 스파게티처럼 엉켜버릴 가능성이 높다.
- 일반적으로 비즈니스상의 의사 결정은 합리적인 결정을 내리고 인간적인 한계를 줄이기 위해 사실에 기초하여 이루어진다.
- 합리적인 의사 결정은 3단계로 이루어진다. 1) 목표 결정, 2) 옵션 평가, 3) 최적의 옵션 선택
- 전략적 결정을 내리기 위한 평가 기준은 경영진의 구성에도 반영된다. 1) 전략과 환경 측면에서의 적합성 (CEO), 2) 재정과 위험 측면에서의 수용 가능성(CFO), 3) 운영 측면에서의 실현 가능성(COO)

시각적 협업 기법: 경영진의 시간을 절약해줘야 할 때

회사 경영진과 의사 결정 회의를 준비하고 있다고 상상해보자. 우리에게는 모든 관련자들이 준비한 많은 양의 정보가 있다. 하지만 경영진에게는 그것을 전부 검토할 시간이 없다. 그들은 우리가 1시간의 회의 동안 효율적으로 의사 결정 과정을 이끌어주기를 기대하고 있다. 어떻게 할 건가? 이런 상황을 맞이했을 때 도움이 될 유용한 시각화 기술 세 가지를 아래에 소개한다.

생각하는 모자

- '6개의 생각하는 모자'는 영국의 유명 의사이자 상담사인 에드워드 드 보노 Edward de Bono가 고안한 개념이다.

- 모두가 같은 모자를 순서대로 검토하도록 함으로써 결정 과정을 조율하는 데 도움을 주는 방법이다. 이 방법을 사용하면 감정적인 반응(빨간 모자), 창의적인 아이디어(녹색 모자), 사실의 객관적인 검토(하얀 모자) 등 다양한 종류의 의견들이 스파게티처럼 뒤섞이는 것을 피할 수 있다.

- 모자를 그룹별로 나눈 다음 상호 결합시켜서 또 다른 논의를 이끌어낼 수도 있다(ex: 긍정적 요소 VS. 부정적 요소).

- 실제로 여러 색깔의 모자를 활용해 흥미를 유발할 수도 있다.

- 사람들이 모자에 익숙해지면 참여도도 높아진다. 이러한 체계는 공통의 언어를 제공해주고, 생각의 다양성을 높여준다. 개인의 자만심과 팀원 간의 대립을 줄여주기도 한다.

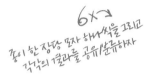

사실, 데이터

과정, 계획

창의성, 아이디어

느낌, 직감

긍정적 요소, 장점

부정적 요소, 비판

옵션 비교표

- 다양한 옵션에 대한 정보를 한꺼번에 볼 수 있게 해준다.

- 그룹별 분류를 통해 서로 다른 옵션의 성격을 비교하고 그 관계를 파악할 수 있다.

- 상징, 색, 크기, 빈칸을 채우는 방식 등을 활용해 좀 더 직관적인 비교를 할 수 있다 (ex: 스마일, 신호등, 하비 볼[원을 4등분하고 특정 기준에 따라 칸을 채워 비교하는 방법–옮긴이] 등등).

- 옵션과 평가 기준을 가로, 세로로 배열해 표로 만든 후 다른 사람들과 함께 평가한다.

- 뭐든 간단할수록 좋다. 하지만 비교를 위해서는 한 가지 이상의 항목이 있어야 한다. 경험에 따르면 옵션 3~5개, 평가 기준 3~5개 정도가 적당하다.

팁 옵션 사이의 차이를 보여줄 수 있고, 의사 결정에 중요한 영향을 미치는 평가 기준을 찾을 수 있다.

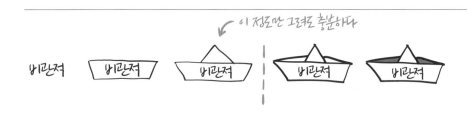

비교 방법

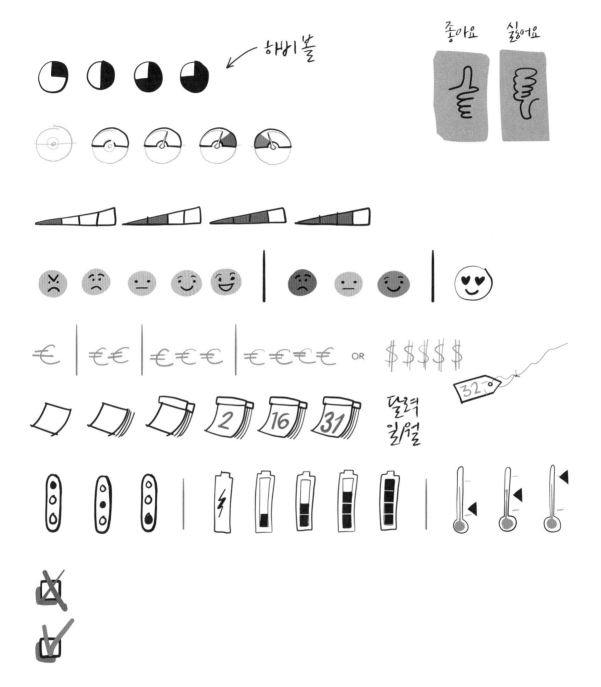

해비볼

좋아요 실어요

의사 결정 나무

- 의사 결정 나무는 가능성 있는 옵션과 그 결과들을 시각화해 보여줄 수 있는 좋은 방법이다. 의사 결정자들에게 길잡이 또는 계획안을 제시할 때 많이 사용된다.
- 먼저 주요 의사 결정 과제를 하나의 질문으로 바꾼다. 이것이 나무줄기의 옹이가 된다. 그리고 각 옹이에서 뻗어나간 가지들은 일련의 결정과 활동들에 의해 만들어지는 미래를 나타낸다.
- 예를 들어 도로 정비 당국이 추운 겨울 밤, 도로에 제설제를 살포해야 할지 말지 결정해야 한다고 치자. 옵션은 두 가지, 예방 차원에서 제설제를 살포하는 것(비용 약 1만 3천 원)과 실제로 눈이 올 때까지 기다리는 것이다. 눈이 올 때 제설제를 뿌리려면 따로 인력을 고용해야 해서 비용이 1만 9천 원이 든다. 눈이 올 확률은 약 40%이다. 의사 결정 나무를 그려보면 가장 좋은 방법은 그냥 기다리는 것임을 알 수 있다. 예방 차원에서 뿌렸을 때 예상 비용이 1만 3천 원인 데 비해 기다리는 방법은 7천 600원이기 때문이다.

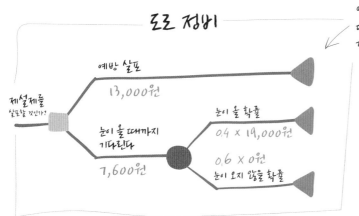

연결 지점 [결정의 유형]을
단계에 따라
각기 다른 형태로 표시하자.

도로 정비

예방 살포
13,000원

제설제를
살포할 것인가?

눈이 올 때까지
기다린다
7,600원

눈이 올 확률
0.4 × 19,000원

0.6 × 0원
눈이 오지 않을 확률

팁 어떤 사건이 일어날 확률과 예상 비용/수익을 곱하여 해당 결정의 가치를 평가할 수 있다.

장점

- 의사 결정의 참여도를 높일 수 있다.
- 사람들에게 '모자'를 줌으로써 개인주의를 줄일 수 있다.
- 각각의 옵션들을 여러 중요한 기준에 따라 평가할 수 있다.
- 옵션들을 비교하고 다양한 대안을 빠르게 검토할 수 있다.
- 의사 결정자들이 각 결정의 결과를 이해할 수 있게 해준다.
- 패턴을 파악하는 능력을 높여준다.

4.5 고객을 제품의 팬으로
고객 탐색하기

요즘은 많은 기업들이 고객의 충성도와 만족도를 높이기 위해 목적지향적이고 고객중심적인 조직으로 변화하고 있다. 이들의 근본적인 목표는 고객들을 자신의 팬으로 만드는 것이다. 좋은 예로는 고프로^{GoPro}가 있다. 고프로의 유튜브 채널은 고객들이 스카이다이빙, 스케이트보드, 스키, 스쿠버다이빙 등을 하는 영상으로 가득하다. 고객들이 고프로의 제품을 홍보해주고 있는 것이다! 고객들을 팬으로 만들려면 고객들이 어떤 사람이고 무엇을 원하는지를 알아야 한다. 시각적 사고와 협업 기법은 시장을 탐색하고 고객 통찰력을 가질 수 있게 해준다.

상황 설정

시장 탐색과 고객 통찰에는 누가 참여하는가?

• 마케팅 담당자와 데이터 분석가들에게 고객 만족은 중요한 가치이자 성과를 평가하는 단위이다. 이들은 매일 고객을 상대하기 때문에 고객이 무엇을 원하는지, 고객의 니즈가 어떻게 변하는지 명확하게 파악하고 있다.

• 마케팅 담당자와 데이터 분석가들은 고객 행동과 경쟁 환경을 파악하고 관련 데이터를 수집하기도 한다.

• 좀 더 전략적인 수준에서는 관리자들과 전략 부서가 정기적인 평가에 참여한다.

시장 탐색과 고객 통찰은 언제 그리고 어디에서 이루어지는가?

- 고객을 상대하는 직원들은 고객의 일상적인 행동과 니즈를 항상 주시하고 있다.
- 고객의 니즈는 디지털 접점을 통해서도 포착할 수 있다.
- 좀 더 전략적인 수준에서는 고객 가치 제안에 대한 정기적인 평가가 이루어진다.
- 이러한 평가는 주로 여러 직무 분야의 관리자들이 모인 회의에서 이루어지며 여기에 고객 패널을 참여시키기도 한다.

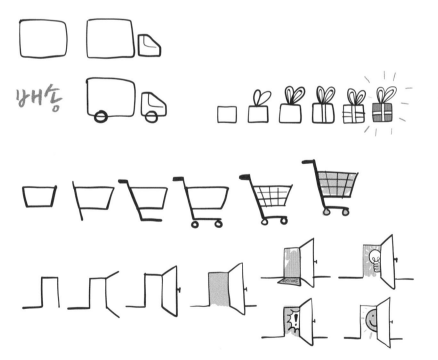

시장 탐색과 고객 통찰 과정에서는 무엇을 하는가?

- 고객 가치 제안에 대한 전략적 평가를 할 때는 고객이 선호하는 것과 고객의 니즈가 충족되지 못하는 부분에 대한 더 깊은 통찰을 목표로 한다.
- 이러한 통찰을 확보하기 위해 많은 기업들은: 1) 비슷한 니즈를 가진 고객들을 집단별로 나누고 각 집단의 '해결 과제'를 정한다. 2) 집단별 고객 페르소나를 정의한다. 3) 각 페르소나의 고객 여정을 분석하고 그들이 좋아하는 것과 싫어하는 것을 파악한다. 4) 경쟁 환경을 분석하여 고객에게 제공하는 것들을 분화할 수 있는 방법을 생각한다.

시각적 협업 기법: 고객과 나를 연결해주는 마술

내가 고객 가치 제안의 전략적 평가를 맡고 있는 팀의 일원이라고 생각해보자. 이러한 평가는 대개 조직 내에서 '그림의 떡'인 아이디어나 '가치 창출이 되지 않는 전략'의 개발로 이어지는 고통스러운 과정이었다. 현재 내 기업에서 만드는 제품은 고객의 니즈를 충족시키지 못하고 있다. 그래서 나는 동료들과 함께 고객 통찰을 확보하여 고객들을 팬으로 바꾸기 위한 방법을 고민 중이다.

다음 시각적 사고와 협업 기법은 내 회사의 제품 및 서비스와 고객들이 정말 원하는 것을 마법처럼 일치시킬 수 있도록 도와줄 것이다.

그림의 떡

고객 세분화와 해결 과제

- 고객 세분화는 비슷한 니즈를 가진 고객들을 집단별로 묶어 파악할 수 있게 해 준다.
- 고객들은 다양한 요소에 의해 세분화될 수 있다.
- 가장 널리 활용되는 요소는 **인구학적 요소**(나이, 성별), **상업적 요소**(수익성, 미래 가치), **태도 니즈**(자기 주도형, 원격 지원, 대면 조언), **제품 니즈**(기본적 니즈 또는 발전된 니즈) 등이 있다.
- 먼저 회사의 비즈니스 모델과 고객 가치 제안에서 중요한 요소에 따라 가로 2단, 세로 2단의 표를 그린 다음 칸을 채워나간다.
- **집단별로 하나 이상의 해결 과제**Job-To-Be-Done, JTBD**를 정의할 수 있다.** 이것은 하버드 경영대학원 교수인 클레이튼 크리스텐슨Clayton Christensen이 고안한 개념이다.

팁 바람직한 JTBD 스테이트먼트의 구조는 (상황을 설명하는 어구) + (행동의 대상) + (행동 동사)이다.

ex 패스트푸드 레스토랑의 밀크셰이크를 위한 JTBD : 지루한 통근 시간에(상황) + 간편하게 먹을 수 있는 아침 식사/간식을(대상) 제공해주세요(행동).

니즈의 세분화

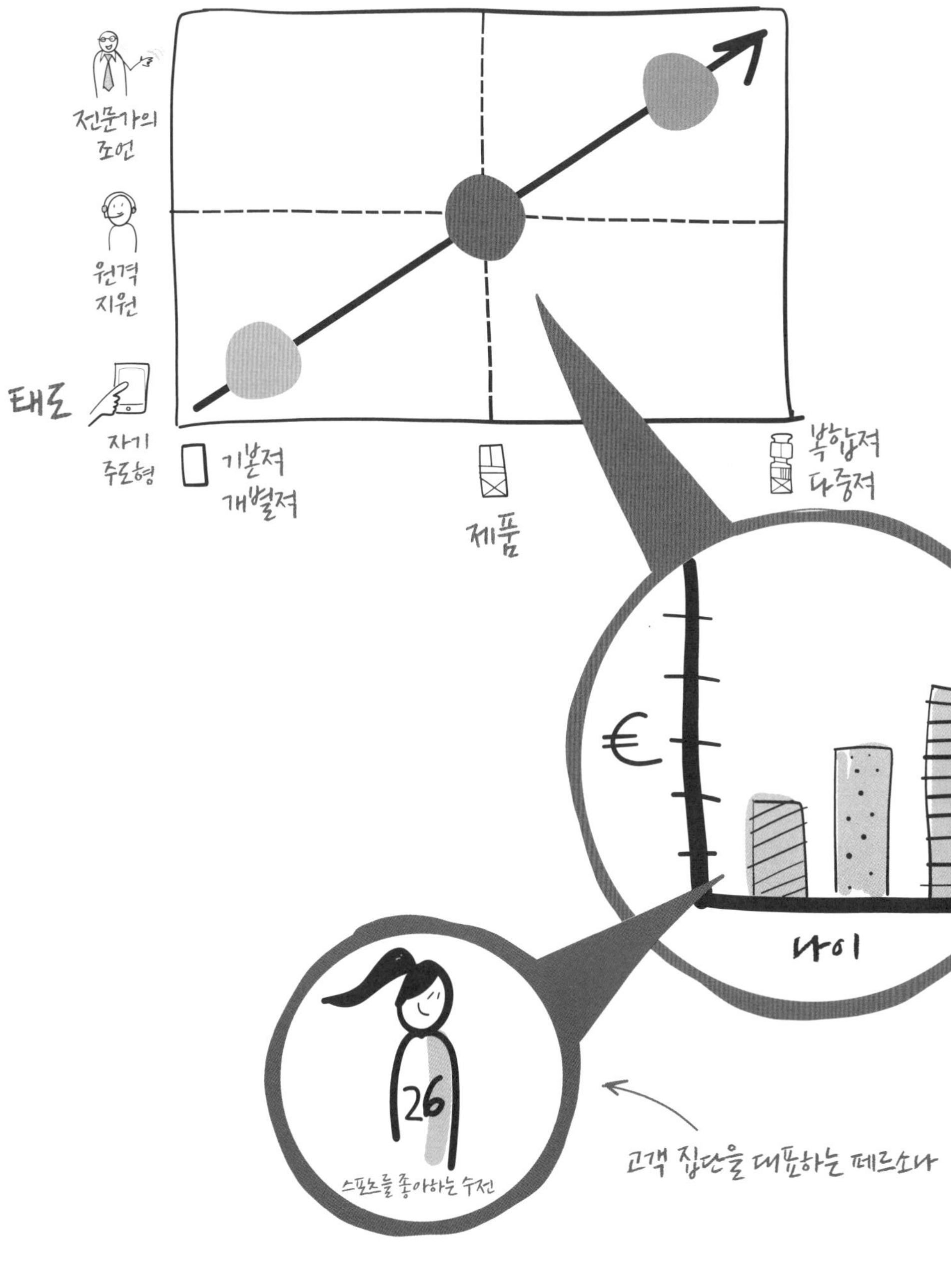

전문가의
조언

원격
지원

태도

자기
주도형

기본적
개별적

제품

복합적
다중적

나이

26

스포츠를 좋아하는 수전

고객 집단을 대표하는 페르소나

고객 페르소나

고객 페르소나는 여러 사람으로 이루어진 고객 집단을 대표하는 한 명의 가상 인물을 시각화한 것이다. 이 페르소나는 기업이 고객들에게 더욱 공감하고, 그들에게 정말로 필요한 것을 제공할 수 있도록 도와준다. 문제점에 딱 맞는 해결책을 얻어내려면 해결 과제에 상황을 부여해보는 것이 중요하다. 페르소나는 주로 아바타, 별명, 인적 사항, 인용문, 일상생활, 그리고 그들이 중요하게 여기는 것을 묘사한 내용과 관련 이미지들로 구성된다.

헤어스타일

32
나이

빠르게 그려본
페르소나

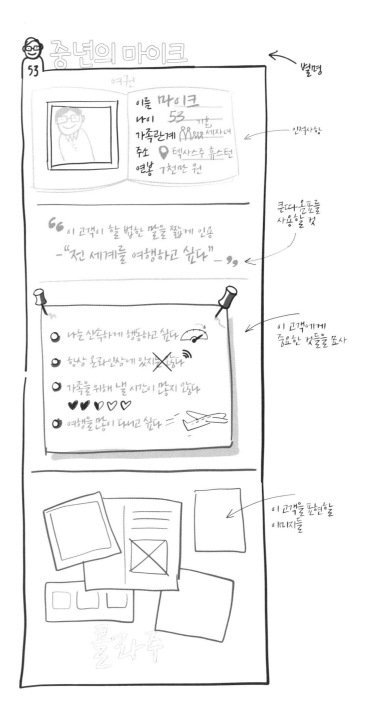

별명

인적사항

큰따옴표를
사용할 것

이 고객에게
중요한 것들을 묘사

이 고객을 표현할
이미지들

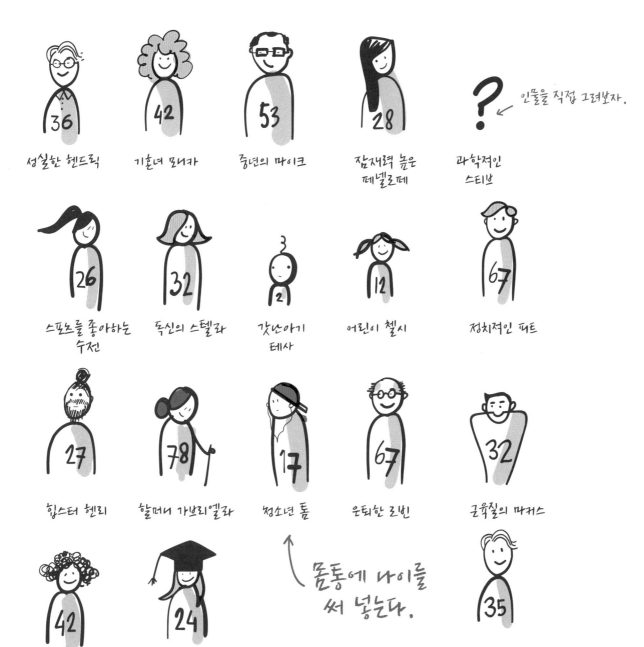

성실한 헨드릭

기혼녀 모니카

중년의 마이크

잠재력 높은 페넬로페

? 인물을 직접 그려보자.

과학적인 스티브

스포츠를 좋아하는 수전

독신의 스텔라

갓난아기 테사

어린이 첼시

정치적인 피트

힙스터 헨리

할머니 가브리엘라

청소년 톰

은퇴한 로빈

근육질의 마커스

몸통에 나이를 써 넣는다.

창의적인 칼라

대학을 졸업한 그웬

가족적인 프랭키

고객 여정 지도 만들기와 분석

고객 여정 지도(E. K. 스트롱의 AIDA 모형에서 출발하여 21세기에 대중화된 기법)는 고객 경험을 스토리로 전달해준다. 고객의 행동과 말, 감정, 생각을 시각적으로 보여주는 지도다. 비즈니스 프로세스와 동일하지는 않다. 고객 여정은 많은 경우 회사가 고객과 소통하기 훨씬 전부터 시작되어 고객이 제품이나 서비스를 구매하고 사용하면서 끝이 난다. 고객 여정 지도는 여러 단계로 구성된다. 고객의 페르소나로 시작하여 경험의 주요 단계들을 순서대로 열거하고 회사와의 상호 작용도 단계별로 보여준다. 그런 다음에는 감정적인 여정을 그림으로 나타내어 고객이 만족과 불만을 느낀 지점을 표시한다. 그리고 마지막으로 이 여정 동안 고객이 했을 법한 말이나 생각을 서술하여 고객 경험을 개선할 수 있는 기회를 찾아낸다.

\# 팁: 모든 윤곽선은 회색으로 긋는다.

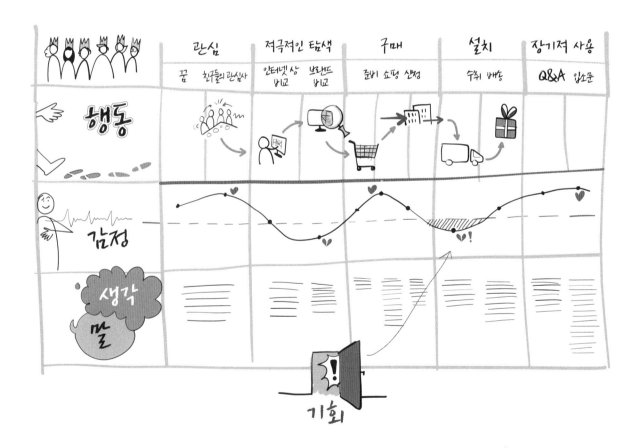

108

경쟁 전망 분석

경쟁 전망을 시각화하면 고객 가치 제안이 경쟁사와 비교할 때 어떤 차이점을 지니는지 파악할 수 있다. 가장 일반적인 형태는 표의 한쪽에 경쟁 브랜드들을, 다른 한쪽에는 고객 가치 제안과 관련된 성공 요소와 차별점을 나열하는 것이다. 가격, 제품 특징, 고객 서비스, 지리학적 범위 등 주요 성공 요소들에 창의적인 방법으로 점수를 매겨 경쟁 전망을 더 흥미롭게 보여줄 수도 있다.

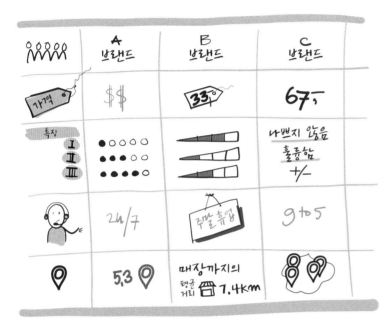

장점

- 고객 중심적인 태도와 업무 방식을 갖게 된다.
- 상업적인 성과를 더 깊이 있고 흥미롭게 파악할 수 있다.
- 대량의 정보 속에서 서로 다른 고객 집단과 그들의 구체적인 니즈를 식별할 수 있다.
- 고객 가치 제안과 경험을 개선할 기회를 찾아낼 수 있다.
- 회사의 팬들을 확보할 수 있다!

4.6 경쟁사를 이기는 아이디어 만들기 디자인 워크숍 진행하기

아이디어의 생산과 디자인 워크숍은 사업 혁신에 중요한 요소이다. 좋은 아이디어는 언제나 도전에서 시작된다. 비즈니스에서 가장 중요한 도전은 끊임없이 달라지는 세상 속에서 변화하는 고객의 니즈를 만족시켜 사업을 성공으로 이끄는 것이다. 현재 고객들의 경험을 혁신하거나 아직 존재하지 않는 새로운 고객 집단을 타깃으로 삼아야 한다. 이러한 혁신을 이뤄내려면 새로운 아이디어로 사고의 범위를 확장해야 한다. 어떻게 하면 새로운 아이디어를 도출할 수 있을까? 거기에 비주얼 씽킹은 어떤 도움을 줄 수 있을까?

> **이 파트에서 배울 내용**
>
> > **시각적 협업 기법:**
> > 팀원들의 아이디어를 끌어내기
> > ✓ 카드 맵 만들기
> > ✓ 종이 프로토타입 만들기
> > ✓ 강력한 경쟁사

상황 설정

아이디어를 생산하는 디자인 워크숍에는 일반적으로 누가 참여하는가?

- 다양한 분야의 인력이 모여 공감 능력, 창의력, 합리성을 동원한다.
- 일반적으로 최신 기술적 동향을 잘 알고 있는 마케팅, 영업, 고객 지원, 전략, 제품 관리, UX/UI 디자인, R&D 분야의 인력이 참여한다.

고객의 목소리를 아이디어와 디자인의 중심에 두자.

디자인 워크숍/스프린트 동안에는
무엇을 하는가?

> 디자인 워크숍 초기에는 불안하게 느껴질 수도 있지만 새로운 아이디어가 나올수록 명확성과 집중력이 높아진다.

디자인 과정은 수렴과 분산의 단계로 나뉜다.

  A. 아이디어 얻기: 새로운 아이디어의 탐색, 생산, 우선순위 매기기

  B. 아이디어 다듬기: 아이디어를 다양한 콘셉트로 구상한 후 적절한 디자인으로 수렴시키기

결과물은 불분명한 스케치부터 소비자들이 테스트할 준비가 되어 있을 정도로 정교한 프로토타입까지 다양하게 나올 수 있다.

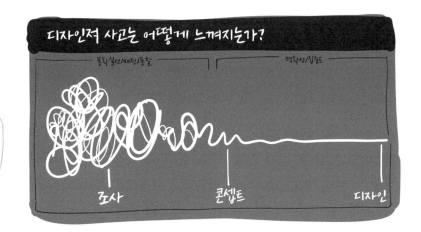

아이디어 생산과 디자인 워크숍은
어디에서 이루어지는가?

• 창의성과 독창적 사고를 촉진하는 환경에서 이루어져야 한다. 이런 워크숍은 대개 평소 업무 공간이 아닌 곳에서 열린다.

• 워크숍 장소는 창의력을 자극하며, 디자인 활동을 할 수 있는 시설(화이트보드, 종이, 테이프, 밧줄, 레고, 점토 등)이 갖추어져 있어야 한다.

아이디어 생산과 디자인 워크숍은
언제 이루어지는가?

아이디어 생산과 디자인 워크숍은 대개 회사의 혁신 과제나 새로운 전략 계획의 일환으로 열린다. 몇 시간 정도로 끝나기도 하고 구글벤처스의 스프린트처럼 일주일 내내 열리기도 한다.

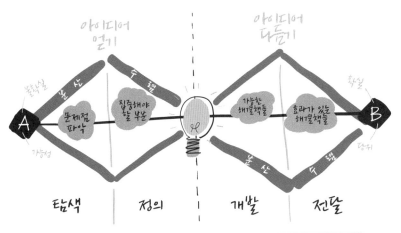

시각적 협업 기법: 팀원들의 아이디어를 끌어내기

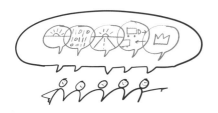

나 자신이 아이디어 생산과 디자인 워크숍을 주관하는 팀의 일원이라고 상상해보자. 나는 경험을 통해 이런 회의에서 사람들이 아이디어를 설명하고 발전시키는 일에 어려움을 느낀다는 사실을 알게 되었다. 그러다 보니 '아뇨'와 '네, 하지만…'이 반복되면서 대화가 길어졌고 상상력을 펼치지 못하게 됐다. 어떻게 하면 사람들이 '만약 이렇다면 어떨까?', '어떤 것이 감탄을 불러일으킬까?', '어떤 것이 통할까?'와 같은 몇 가지 질문들을 통해 효과적으로 아이디어를 공유하게 만들 수 있을까? 여기에 도움이 될 몇 가지 시각적 기법들을 소개한다.

카드 맵 만들기

- 시간 제한을 이용해 사람들의 빠른 사고를 유도하는 방법이다. (ex: 5분 동안 8개의 아이디어 카드 만들기)
- 벽에 포스트잇을 붙이거나 탁자 위에 카드를 늘어놓으면 된다.
- 아이디어를 그룹별로 모으고 투표를 통해 우선순위를 매긴다. (ex: 가장 마음에 드는 아이디어에 1인당 스티커 3개를 붙이는 투표 방식)
- 이러한 과정을 반복하여 우선순위가 매겨진 아이디어들의 세부 사항을 보충하고 다음 단계로 이동할 수 있게 된다. 이때 알렉산더 오스터왈더Alexander Osterwalder의 가치 제안 캔버스The value proposition canvas, 비즈니스 모델 캔버스 Business Model canvas, BMC 같은 시각적 템플릿을 활용할 수 있다.

- 사람들에게 영감을 줄 수 있는 시간을 마련해본다. (ex: 영감을 주는 발표, 사내 다른 분야의 사례, 아이디어 공유하기 등)

5분 동안 8개의 아이디어

5분 동안 1개의 중요한 아이디어

1. 꽃병 그리기

2. 집에서 꽃을 즐길 수 있는 방법 그리기

3. 서로의 아이디어를 공유하고 이 과정을 반복하여 아이디어 3개 도출하기

종이 프로토타입 만들기

새로운 고객 서비스를 위한 종이 프로토타입 디자인하기

- 스케치 한 장이 백 마디의 말보다 나을 수 있다!
- 사용자 인터페이스를 디자인하고 시험할 때는 특히 더 그렇다.
- '메이커 운동maker movement'은 기업가 정신과 실험 욕구를 이끌어낸다.
- 시간과 비용이 절약된다.
- 종이, 펜, 테이프 등의 재료만 있으면 된다.
- 와이어프레임wireframe은 웹사이트 인터페이스 디자인에 사용되는 방식이다. 관념화 단계에서는 와이어프레임이 개략적일 수 있지만 여러 번의 디자인 반복과 테스트를 통해 완성도가 높아진다.

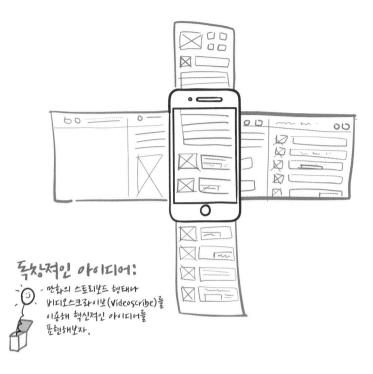

독창적인 아이디어:
- 만화의 스토리보드 형태나 비디오스크라이브(videoscribe)를 이용해 혁신적인 아이디어를 표현해보자.

강력한 경쟁사

가장 강력한 경쟁자에 대해 시나리오 설계하기

- 강력한 경쟁사의 시나리오를 다양하게 만든다. (ex: 기술적 혁신, 지속 가능성, 친밀성 면에서 앞서 가는 경쟁사 또는 직원들이 일하기 좋은 환경의 경쟁사)
- 팀별로 경쟁사 시나리오의 비즈니스 모델을 만들고 디자인한다. 창의력을 발휘하여 경쟁사의 특징과 회사명, 로고 등을 정한다.
- 플립 차트, 색상, 그림, 은유 등을 활용해도 된다.
- 젠 투표법: 침묵 속에서 아이디어를 검토하고 투표하는 방법이다. 이렇게 하면 모든 사람이 다른 사람 의견에 영향을 받지 않고 자신의 의견을 낼 수 있다.

PWC 사가 개발

커다란 로고, 시각적 은유로
아이디어 강화하기.
투표/코멘트로 다른 사람들의 의견 받기.

고객 집단과
문제점

고객 제안

HERO

핵심 역량

자원&파트너

장점

- 시각화로 다양한 문제 원인 간의 관계를 파악할 수 있다.
- 시각화는 문제 해결과 아이디어의 공유 과정에서 기억력의 한계를 확장해준다.
- 시간과 돈을 절약할 수 있으며 사용자들이 미완성 상태의 결과물에 대해 더 편하게 비판할 수 있다.

팁
침묵 투표:
아무 설명 없이 피드백을
주는 방법이다.
(둘로 빨간색/녹색 스티커를 붙이는
방법이 있다.)

그 후 팀원들의 설명을 듣고,
공유된 아이디어들로
이 과정을 반복한다.

#장점:
말 뒤에 숨겨진 연결고리를
찾을 수 있다.

문제 해결

4.7 훌륭한 팀의 문제 해결 방식
지속적 개선의 힘

오늘날의 세계는 빠르게 변화하고 있다. 인공 지능 같은 기술적 혁신부터 정치적, 경제적, 규제적 변화에 이르기까지 다양한 요인으로 비즈니스 환경은 끊임없이 달라지고 있다.
라디오가 5천만 명의 청취자를 확보하는 데는 38년이 걸렸지만 2016년, '포켓몬고 *Pokemon Go*' 게임은 단 일주일 만에 사용자 수 700만 명을 돌파했다! 이런 세상 속에서 조직과 구성원이 적응하고 생존하기 위해서는 문제 해결 능력이 무엇보다 중요하다.

상황 설정

문제 해결 과정에는 일반적으로 누가 참여하는가?

- 누구나 일상생활 속에서 문제 해결 과정을 거친다. 하지만 대부분의 경우 그 과정이 일상과 업무의 필수적인 부분이기 때문에 인식조차 못하고 있을 가능성이 높다.
- 문제 해결은 운영상의 의사 결정 과정부터 이사회에 이르기까지 조직의 모든 층위에서 이루어진다. 일반적으로 자주 발생하기 때문에 체계화가 잘되어 있는 문제는 하위 부서에서 해결하고, 아직 체계화가 안 된 특이한 문제들은 경영진이 임시 태스크 포스나 프로젝트 팀을 구성하여 해결한다.
- 훌륭한 문제 해결 팀에는 모든 관련 분야의 전문가가 참여한다.

> **이 파트에서 배울 내용**
>
> **> 시각적 협업 기법: 문제를 해결하는 태스크 포스**
> - ✓ 상황실/협업 공간
> - ✓ 물고기 뼈 도표
> - ✓ 지속적 개선 상황 추적 보드

문제 해결은 언제 그리고 어디에서 이루어지는가?

- 문제 해결은 단순한 기술이 아니라 현재 상황을 진취적으로 바꾸어나가기 위해 끊임없이 도전하는 태도이다. 따라서 그저 예상 밖의 문제에 대처하는 것뿐만 아니라 현재의 경영 방식에서 개선할 점이 있는지 검토해야 한다. 이를 '지속적인 개선'이라고 부른다.

- 문제 해결과 지속적 개선은 기존의 운영 절차에서 발생하는 사고 해결과 효율성 개선을 담당하고 있는 팀 내에서 주로 이루어진다. 이런 팀들은 고객 가치를 최대화하고 낭비 요소를 최소화하기 위해 '린 경영Lean Management'과 같은 기법을 택하는 경우가 많다. 하지만 지속적 개선 방식은 영업팀 등 조직 내 다른 부서에도 적용할 수 있다.

문제 해결 과정에서는 무엇을 하는가?

- 일반적으로 문제 해결은 문제를 파악함으로써 시작된다. '2017년에는 어떻게 하면 직원들의 부상 사고를 50% 줄일 수 있을까?' 같은 문장으로 문제를 표현할 수 있다. 이해관계자, 성공 기준, 해결책의 경계·범위 등을 정의하는 것도 중요하다.

- 두 번째 단계는 문제의 근본 원인을 조사하는 것이다.

- 세 번째 단계는 가능한 해결책들을 다양하게 도출한 후 결정을 내리는 것이다.

- 마지막 단계는 해결책을 테스트한 뒤, 실행하고 감시하며 지속적으로 개선해나가는 것이다.

시각적 협업 기법: 문제를 해결하는 태스크 포스

회사가 나에게 고객 만족도 하락 문제를 해결하는 일을 맡겼다고 상상해보자. 당연히 혼자서는 문제를 해결할 수 없기 때문에 조직 내 모든 부서의 구성원들을 참여시켜야 한다. 어떻게 하면 문제를 빠르게 해결할 수 있는 효율적인 태스크 포스를 운영할 수 있을까? 여기에 도움이 될 시각화 기법들을 소개한다.

상황실/협업 공간

문제를 해결할 때는 많은 요소들을 추적해야 한다. 상황실을 따로 마련하면 집중도가 높아지고 팀워크도 좋아진다. 인간의 기억력은 제한적이지만 화이트보드를 활용하여 팀의 기억력을 높일 수 있다. 벽 위로 정보를 공유하고 체계화함으로써 모두가 현재 상황을 확인할 수 있다.

벽 위를 화이트보드로 가득 채우자! 그 위에서 결정을 내릴 수 있고, 수정하기도 쉽다. (ex: 포스트잇으로 원인과 결과 도표 재배열하기)

상황실

문제 설명

상황
성공 기준
가능한 해결책들
이해관계자

원인과 결과

해결책

1   2   3

추적 보드

대규모 문제 해결을
위한 협업 공간는

한 방에 수용하기에는 관련자가 너무 많다면 '협업 공간'을 만든다. 대규모 상황실이라고 생각하면 된다. 예를 들어 사옥의 한 층 전체를 협업 공간으로 만들면 태스크 포스에 참여하는 사람들을 모두 한 자리에 모을 수 있다. 누가 어디에서 일하는지 시각적으로 명확히 알 수 있고(ex: 팀명을 적어 천장에 매달아놓는 방법), 공간 전체에 설치한 화이트보드를 통해 모든 팀이 정보를 파악하고 공유할 수 있다.

물고기 뼈 도표

이시카와 카오루가 개발

원인 결과 도표

(ex: 마인드맵, 물고기 뼈, 논리 나무)

- 원인 결과 도표는 해결책을 생각하기 전에 문제를 일으킨 원인을 파악하는 데 도움을 주는 도구이다.
- 보통 원인들은 포스트잇으로 정리하여 필요할 때 쉽게 재배열할 수 있도록 한다.

- 머릿속 아이디어들을 전부 적는다. 전혀 관계없는 원인이라 해도 일단 적고 나중에 정리하면 된다!
- 그 후 이러한 구조화와 특정 원인의 분석 과정을 몇 번 더 반복한다. 창의력을 발휘하여 가능한 모든 원인들을 찾아낸다.

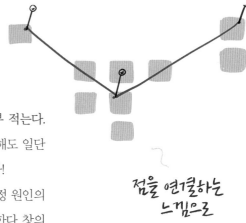

점을 연결하는 느낌으로

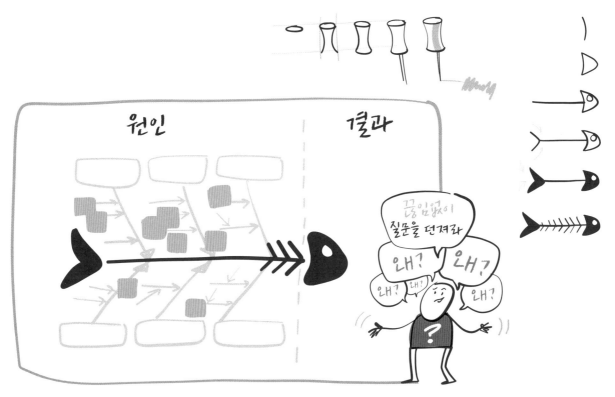

원인 / 결과

끊임없이 질문을 던져라

왜? 왜?

왜? 왜? 왜?

지속적 개선 상황 추적 보드

- 추적 보드를 붙여놓으면 실시간 참여가 가능해지며, 직원들이 현재 개선 상황을 확인할 수 있다.

- 일반적으로 화이트보드를 쓴다.

- 린 제조 Lean Manufacturing 환경에서 많이 사용된다.

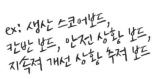

ex: 생산 스코어보드,
칸반 보드, 안전 상황 보드,
지속적 개선 상황 추적 보드

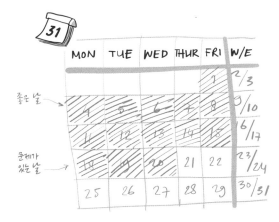

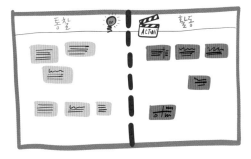

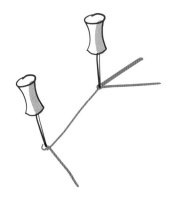

장점

- 상호 작용을 통해 사람들의 참여와 기여도를 높일 수 있다.

- 문제에 대한 이해도를 높이고 다양한 원인 사이의 관계를 파악할 수 있다.

- 문제 해결 시 시각화를 통해 기억력을 높일 수 있다.

- 모두가 진행 상황을 알 수 있다.

- 업무 환경에서 지속적인 개선이 가능하다.

4.8 회사를 살리고, 제품을 살리는 프로토타입 제대로 실험하기

많은 기업들이 전통적인 폭포수 방식 대신 린 스타트업, 디자인적 사고, 애자일 스크럼 등의 변화된 방식으로 새로운 제품 또는 서비스를 개발하고 있다. 단계별 절차에 따라 완벽한 버전의 신제품을 출시하는 대신, '만들기-측정-학습'의 과정으로 이루어지는 새로운 방식을 실현할 때 중요한 것은 빠른 실패이다. 간단한 프로토타입과 실험을 통해 최대한 많은 것을 학습하는 방식이다.

최소 기능 제품MVP을 개발하고 실제 시장에서 짧은 시간 안에 테스트를 거친 후 고객의 피드백을 수집하고, 그렇게 얻은 지식을 활용하여 더 나은 제품을 만드는 것이다. 그리고 이런 사이클을 반복하면서 고객들이 정말로 좋아할 제품을 제작한다.

예를 들어, 자포스Zappos: 미국 최대 온라인 신발 쇼핑몰는 원래 지역 상점에서 판매하는 신발 사진들을 온라인에 올리면서 시작됐다. 웹 사이트를 통해 신발이 판매되면 상점에 가서 구매한 다음 고객에게 배송했다. 자포스는 이런 방식으로 초기의 성공 여부를 측정하고 고객들이 정말로 원하는 것을 학습하여 오늘날 10억 달러 규모의 기업으로 성장했다.

이 파트에서 배울 내용

> 시각적 협업 기법:
  경쟁사가 먼저 선수 쳤다면
  ✓ 프로토타입과 최소 기능 제품
  ✓ 이벤트 경험 보드
  ✓ 제품 실험 보드

상황 설정

프로토타입 제작과 실험에는 일반적으로

누가 참여하는가?

MVP를 만들어 만들기-측정-학습 사이클을 완수하려면 조직 내 여러 분야의 협업이 필요하다. 대개 새로운 제품 또는 서비스 개발을 목표로 하는 팀에는 마케팅, 제품 관리, R&D, IT, 영업 분야의 직원들이 참여한다. 모두 함께 새로운 제품이나 서비스에 관한 가설을 세운 후, R&D와 IT 팀이 프로토타입을 개발한다. 영업 담당자는 실험을 고안하고 실행하여 고객의 피드백을 수집하고 고객 행동을 평가한다.

프로토타입 제작과 실험은 [언제] 그리고 어디에서 이루어지는가?

만들기-측정-학습은 린 스타트업에서 쓰이는 방식으로 제품이나 서비스의 완성도를 높여가는 프로세스이다. 이는 많은 팀의 일상적인 업무 방식과 비슷하다. 다만 이 프로세스는 반복적이고, 주기가 짧으며, 대부분 사무실 밖, 고객들이 있는 장소에서 이루어진다는 사실이 중요하다.

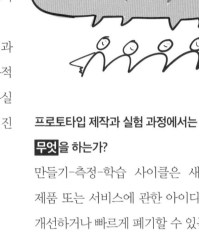

프로토타입 제작과 실험 과정에서는 [무엇]을 하는가?

만들기-측정-학습 사이클은 새로운 제품 또는 서비스에 관한 아이디어를 개선하거나 빠르게 폐기할 수 있는 방법이다. 만들기-측정-학습 사이클 동안에는 1) 새로운 제품 또는 서비스 아이디어에 관한 일련의 가설들을 세우고 2) 최소 기능 제품을 만들거나 서비스 프로토타입을 디자인한 후 3) 실험을 통해 실제 고객의 반응을 측정하고 피드백을 수집하여 4) 여기서 학습한 교훈을 통해 새로운 가설들을 세운다.

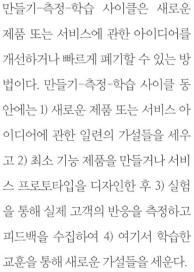

시각적 협업 기법: 경쟁사가 선수 쳤다면

나 자신이 새로운 제품 또는 서비스를 개발하려는 팀의 일원이라고 치자. 과거에 나와 내 팀은 고객들이 원하는 것을 정확히 알고 있다고 생각했다.

그래서 몇 달, 혹은 몇 년에 걸쳐 '완벽한' 제품을 계획하여 디자인하고 개발했다. 하지만 출시 후에야 고객들이 그런 제품에 관심이 없거나 경쟁사가 이미 비슷한 제품을 출시했다는 것을 알게 됐다. 이제 나는 만들기-측정-학습 방식을 도입하여 새로운 제품 또는 서비스의 프로토타입을 반복적으로 제작, 실험한 후 학습을 통해 시장 적합성이 높은 제품을 만들어내려고 한다. 다음 시각적 사고와 협업 기법이 그 목표를 이루는 데 도움을 줄 것이다.

프로토타입과 최소 기능 제품

프로토타입과 MVP는 새로운 제품과 서비스에 관한 가설과 아이디어를 테스트할 때 흔히 쓰인다. 시장 적합성이 좋은 제품을 만드는 데 필요한 교훈과 통찰을 얻게 해주는 방법이다. 이 두 가지는 기본적으로 비슷하지만 약간의 차이점이 있다. 프로토타입은 신제품이 실제로 사용 가능한지 보여주는 제품이다. MVP는 제품의 최초 버전으로 고객의 피드백을 얻을 수 있는 최소한의 기능만 갖추어 출시하는 제품이다. 프로토타입/MVP 보드를 만들면 새로운 제품 또는 서비스에 관한 아이디어와 가설을 파악하여 적절한 프로토타입 또는 MVP의 형태를 결정하는 데 도움이 된다. 프로토타입 또는 MVP는 종이에 그린 그림(낮은 완성도)부터 실제로 만질 수 있는 제품, 클릭해서 콘텐츠를 볼 수 있는 완전한 웹사이트(높은 완성도)까지 어떤 형태든 가능하다. 자원을 투자해 개발하기 전에 먼저 팀원들과 의논하여 프로토타입 또는 MVP의 유형을 결정하자.

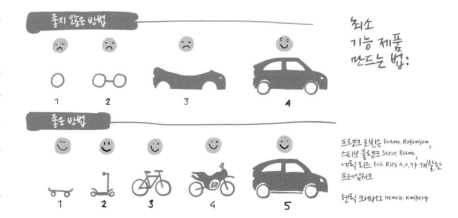

최소
기능 제품
만드는 법:

프랭크 로빈슨 Frank Robimson,
스티브 블랭크 Steve Blank,
에릭 리즈 Eric Ries a.o.가 개발한
프레임워크

헨릭 크네버그 Henrik Kniberg

플린스톤(aka. 오즈의 마법사, 기계 터크)

실제로는 수동으로 운영되는 서비스지만, 완벽하게 작동하는 온라인 제품처럼 보이는 프론트엔드 웹 페이지를 디자인하는 방법이다.

호텔 컨시어지

우리 회사 신제품 콘셉트에 관심이 많은 고객을 찾아서 그들에게 실제로 그 제품을 사용할 때 경험하게 될 단계들과 똑같은 서비스를 수동으로 제공하는 방법이다.

기금 모금

신제품의 콘셉트를 설명하는 1, 2분짜리 영상을 만들어 이 제품을 개발하는 데 필요한 크라우드 펀딩 캠페인을 진행하는 방법이다.

가짜 문(가짜 메뉴)

아직 만들어지지 않은 새로운 제품 또는 서비스를 가상으로 진열하여 고객들이 관심을 보이는지 확인하는 방법이다.

피노키오

실제로는 작동되지 않는 제품을 만들어 형태와 사용성에 관한 피드백을 얻는 방법이다.

라벨 바꾸기(aka. 흉내 내기)

기존의 제품 또는 서비스의 라벨이나 패키지를 바꾸어서 고객들이 관심을 보이는지를 확인하는 방법이다.

스트립드 티즈

신제품의 완성도 낮은 버전을 만들어서 고객들의 반응을 테스트하는 방법이다.

프로토타입/MVP 보드

> 완성된 제품에서는 사람들이 결점만 찾아내지만 프로토타입에서는 가능성만 본다.

제품명	해결 과제	측정 방법
DANCE-DANCE.COM	재미있고 교육적인 댄싱 게임	· 다운로드 수 · 댄싱 게임 앱 순위 · 월간 이용자 수 · 1회 이용 시간

타깃 그룹	큰 그림	프로토타입/MVP
· 8~12세의 어린이 · 주로 여아 · 음악과 춤에 관심이 있는 사람 · 게임을 즐기는 사람 · 아이패드/아이폰 사용자	· 아이패드 앱 · 캐릭터 · 가상 댄스 플로어 · 댄스 동작 배우기 · 온라인 친구들과 함께 춤추기 (멀티 플레이어) 포인트 쌓기	1.0 · 무료 앱 · 앱 구매 제한 · 기본 기능 2.0 · 페이스북 연동 · 멀티 플레이어 3.0 · 댄스 동작 구매 · 안무 짜기 4.0 · 새로운 플로어 · 댄스 대회

이벤트 경험 보드

이벤트 경험 보드는 새로운 제품 또는 서비스를 선보이는 이벤트를 준비할 때 도움이 되는 시각적 협업 도구이다. 이벤트가 지닌 가능성과 그 이벤트가 이해관계자들의 목표 달성에 어떻게 도움이 되는지 시각화해서 보여줄 수 있다. 또한 참여자의 불만과 개선 방향에 관한 브레인스토밍 결과를 추적할 수도 있고, 참가자의 행동이 이벤트 참여 후 어떻게 변화하는지 보여줄 수도 있다.

또한 이벤트 경험 보드는 내가 속한 팀이 투자와 예상 수익, 이벤트 디자인을 시각화할 수 있게 해준다.

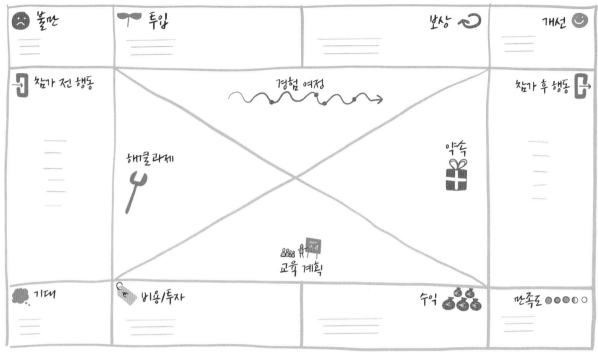

무료 다운로드 WWW.EVENTCANVAS.ORG

제품 실험 보드

제품 실험 보드는 내가 할 실험을 간단하게 구조화해서 보여주는 도구이다. 체계적인 프로세스를 따라 새로운 제품과 서비스에 관한 창의적인 아이디어들을 탐색할 수 있게 도와준다. 각 단을 따라 내려가면서 내용을 채워보자. 나중에 스토리를 만들 때도 손쉽게 활용할 수 있다. 먼저 가장 위험하거나 모험이 필요한 가정을 설정한다. 그런 다음 이 가정에 대한 가설들을 세운다. 그리고 각 가설에 대하여 실행 가능한 실험들을 측정 가능한 행동, 목표 단위와 함께 기록한다. 일단 실험이 완료되면 그 결과와 새로 학습한 내용도 시각화한다. 마지막으로 이렇게 얻은 새로운 '데이터'를 이용해 다음 결정을 내리고, 이 프로세스를 반복한다. 실험을 기록할 때마다 보드상에 진행 상황도 기록한다.

팁 모든 내용을 포스트잇에 적어 해당 칸에 붙인다. 크기가 작은 포스트잇을 사용하면 자연스럽게 내용을 간단히 정리하고 문제점과 가설들을 작은 부분으로 쪼개게 된다.

back to the drawing BOARD

다시 백지로 돌아와서

실험 보드

가장 위험한 가정 → 사람들은 업무를 위해 비주얼 씽킹을 다룬 책을 살 것이다

	시작	새로운 실험	새로운 실험	새로운 실험
가설	비즈니스 상황에서 비주얼 씽킹을 다룬 책이 필요한가?	유용한 기법과 예시 또는 이론이 필요한가?	가지고 다니기 쉬운 책인가?	저렴한 책인가?
실험 디자인	드로잉 워크숍 기간에 적절한 비즈니스 상황 찾기	페이지를 펼칠 수 있고 첫 번째 챕터만 있는 종이 프로토타입 제작	판노키오 프로토타입을 제작하여 고객에게 전달하기	29,000원에 선주문을 할 수 있는 랜딩 페이지
측정 단위 (사무실 밖으로)	# 비즈니스 상황이 언급된 횟수	# 페이지라 스프레드에 대한 좋아요 수	# 피드백	# 판매된 책의 수
결과	적절해 보이는 비즈니스 상황 9개	각 상황별 3가지 기법	-정사각형 -작은 사이즈 -소프트 커버 -150쪽 이하	500권 선주문 판매
그 밖의 중요한 통찰	그림과 스토리텔링의 기초부터 설명해야 한다	- 기법과 예시는 간단하게 - 텍스트는 적게	-여러 재질의 좋이 사용 -내용을 쉽게 찾을 수 있도록 개선	이 책을 구입한 사람들은 디자인적 사고에도 관심이 있다

의견 → 사실

www.leanstartupmachine.com 참고

장점

- 새로운 제품과 서비스 아이디어의 성공 가능성을 빠르게 파악할 수 있다.
- 상당한 양의 자원을 투자하기 전에 새로운 아이디어에 내재된 문제를 발견할 수 있다.
- 제품 개발 초기에 실제 고객들에게서 현실적인 의견을 들을 수 있다.
- 의견을 사실로 바꾸어 더 빠르고 나은 결정을 내릴 수 있다.
- 새로운 아이디어와 관련된 위험과 불확실성을 크게 줄일 수 있다.

4.9 나와 내 팀 성과 사수하기
고성과 팀이 되기 위한 팀 빌딩

팀은 공통의 목표를 이루기 위해 노력하는 개인들의 모임이다. 고성과 팀은 다음과 같은 특징을 기초로 만들어진다. 먼저 서로를 깊이 신뢰하고 존중하며, 목표를 위해 헌신한다. 또한 각자의 역할과 책임이 명확하고, 자주 소통하며, 솔직하고 직접적인 피드백을 나눈다. 고성과 팀은 대개 다양한 사고방식과 기술을 지니고 있으며, 주도적으로 대처하고, 변화에 빠르게 적응할 수 있는 개인들로 구성된다. 예를 들어 〈토이 스토리〉, 〈인크레더블〉, 〈몬스터 주식회사〉 같은 블록버스터 영화를 제작한 픽사Pixar는 고성과 팀 문화로 유명하다. 이들은 모바일 기기 위주의 세상에서 얼굴을 맞대고 나누는 대화가 사라질 위험에 처했다는 걸 인식했다. 픽사는 팀원이 함께 모여 앉아 서로 가까워지고 관계에 투자하며, 활발한 소통을 통해 아이디어를 내는 것이 중요하다는 사실을 강조했다. 이들은 혁신이란 왓츠앱, 페이스북, 또는 이메일 대화로 이루어지는 것이 아니라고 굳게 믿고 있다.

상황 설정

팀 빌딩team building**에는 일반적으로 누가 관여하는가?**

- 보통 경영진이 팀을 조직한다. 그리고 구성원들이 힘을 합쳐 회사를 위한 가치를 창출해주기를 기대한다.
- 좀 더 위계적으로 관리가 이루어지는 조직에서는 경영진과 인사팀이 팀 빌딩을 지원해주는 경우가 많다.
- 애자일 조직에서는 모든 팀원이 팀 빌딩의 책임자이다.
- 팀의 발전을 주도적으로 이끄는 팀은 고성과 팀이 될 가능성이 높다.

> **이 파트에서 배울 내용**
>
> **> 시각적 협업 기법:**
> **우리 팀을 최고의 팀으로**
> ✓ 팀원들의 선호도를 다루는 방식
> ✓ 팀원들의 성격
> ✓ 팀 피드백
> ✓ 팀 개발

팀 빌딩은 언제 그리고 어디에서 이루어지는가?

- 전통적인 조직에서 팀 빌딩은 사무실 밖에서 이루어지는 연례행사로 여겨졌다.

- 틀에 박힌 구식 팀 빌딩은 볼링장과 스테이크 식당에서 이루어졌다. 하지만 고성과 팀을 기반으로 구축된 조직에서 팀 빌딩은 반복적인 활동이다. 예를 들면 애자일 스크럼 기법을 실천하는 조직에서는 모든 스프린트(2주)에 팀 회고retrospective가 포함된다.

- 이러한 조직은 팀 회고와 팀 개발에 집중하기에 안전한 환경과 시설을 갖추고 있는 경우가 많다.

팀 빌딩 동안에는 무엇을 하는가?

팀 빌딩 활동 또는 회고 동안에는 고성과 팀이 되는 것을 목표로 다음 활동 중 하나만 실천하거나 또는 여러 개를 조합하여 진행한다.

- 팀원들의 선호도 차이에 대처할 방법 찾기

- 서로에 대해 알아가며 각자의 성격을 이해하기

- 팀 성과에 대한 개인별 피드백 공유하기

- 팀의 목표 상황을 그려보고 팀 성과를 높일 방법 의논하기

팀의 성취 축하하기

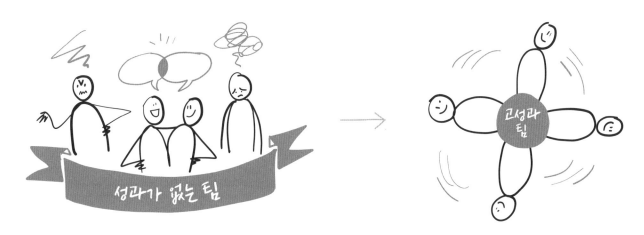

성과가 없는 팀 → 고성과 팀

시각적 협업 기법: 우리 팀을 최고의 팀으로

당신은 회사 내 여러 팀에서 일해본 경험이 있다. 그런데 팀마다 성과가 각기 달랐다. 그래서 어떤 팀은 왜 다른 팀보다 좀 더 생산적인지, 왜 그 팀의 구성원들은 효율적으로 협력할 방법을 빠르게 찾아내는 것처럼 보이는지, 그 이유가 궁금해졌다. 당신은 현재 팀원들에게 제안할 만한 실천 과제와 목표를 찾고 있다. 지금부터 소개하는 시각적 사고와 협업 기법은 당신이 속한 팀이 고성과 팀이 될 수 있도록 도와줄 것이다.

팀원들의 선호도를 다루는 방식

- 팀의 업무 방식이 언제나 모든 팀원의 기호에 맞는 것은 아니다. 팀원들이 원하는 업무 방식을 빠르고 간단하게 알아내는 방법이 있다.
- 팀원들을 한 방에 모은 후 사기를 끌어올리는 요인과 끌어내리는 요인을 각자 생각하게 하자.
- 각자의 선호도를 플립 차트 위에 시각화한 후 업무 방식을 변화시킬 수 있는 방법을 함께 의논한다.
- 팀원들이 솔직하게 말하는 것을 어려워할까 봐 걱정된다면 특정한 주제에 관해 좋아하는 것과 좋아하지 않는 것이 무엇인지 물어보는 방법으로 진행할 수도 있다.

A. 팀이 업무를 계획하고 배분하는 방식.
B. 팀 내의 의사 결정 방식.
C. 팀 내의 정보 공유 방식.
D. 기타 등등

팁 고성과 팀이 되려면 먼저 서로에게 동기를 부여해줄 수 있는 다양한 요인들을 파악해야 한다.

팀원들의 성격

- 팀원들의 성격을 파악하는 방법에는 빅5 모형^{big five model}, 마이어스-브릭스^{Myers-Briggs} 유형, 컬러 코딩 시스템^{Color coding system} 등 여러 가지가 있다.

- DISC 성격 유형(윌리엄 마스턴이 고안하고 월터 클라크가 발전시킨 이론)은 팀원들 간의 역학 관계를 이해하는 데 매우 유용하다.

- DISC 성격 검사는 4가지 유형(주도형, 사교형, 안정형, 신중형)으로 개인의 성격을 분류한다.

- 각 팀원들의 검사 결과를 차트로 만들면 팀 내의 다양성을 전체적인 관점에서 볼 수 있다. 이 차트에 기초하여 고성과 팀이 되려면 무엇이 필요한지를 의논해 보자.

팁 신속하고 덜 복잡한 평가를 선호하는 팀에게는 동물 퀴즈가 유용하고 재미도 있다. 팀 내의 사자, 코끼리, 원숭이, 뱀은 누구인지 알아보자.

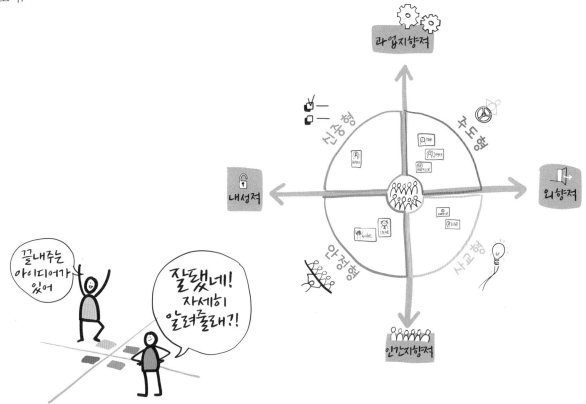

팀 피드백

- 팀 내의 빠르고 잦은 피드백이 왜 중요한지에 대해서는 여러 책과 기사, 블로그 등에서 설명하고 있다.
- 비주얼 씽킹 기법을 활용해 팀 내에서 간단하고 재미있게 피드백을 공유하는 방법을 소개한다.

  A. 모든 팀원에게 지난 며칠간, 혹은 몇 주간 좋았던 일, 고마웠던 일, 혹은 짜증났던 일이 무엇인지 물어본다. 그리고 각자 플립 차트에 팀이 이제부터 시작해야 하는 일, 그만둬야 하는 일, 계속해야 하는 일을 적게 하자.

  B. 팀의 온도를 점검하자. 플립 차트에 온도계를 그리고 팀원들이 그 옆에 자신의 아바타를 표시하게 한다. 스트레스를 받고 있거나 너무 바쁜 팀원은 '뜨거운' 상태이고 슬럼프에 빠져 있거나 소외되고 있다고 느끼는 팀원은 '차가운' 상태이다.

  C. 카드 게임을 해보자. 각 카드에는 팀 성과, 업무 방식, 사고방식, 행동과 관련된 주제들에 대한 긍정문, 부정문이 적혀 있다. 모든 팀원이 녹색, 노란색, 빨간색으로 칠해진 카드를 들어 긍정, 부정 중 어느 쪽에 더 공감하는지를 표현하게 한다.

팀 개발

- 주도적이고 적극적으로 고성과를 추구하는 팀을 위해 『토요타 카타Toyota Kata』에 나와 있는 '개선 주제Improrement Themes' 개념을 소개한다.
- 먼저 팀 피드백을 기초로 다 함께 개선 주제를 결정한다.
- 네 가지 단계를 거쳐 개선을 위해 착수해야 할 첫 단계를 결정한다.

A. 포스트잇을 사용해 현재 상황을 파악한다.

B. 팀원들에게 이상적이라고 생각하는 세상의 모습을 질문하여 '최고'의 정의를 내린다.

C. 다음 목표 상태를 묘사한다. 이것이 '최고'가 되기 위한 여정의 첫 번째 현실적 목표이다.

D. 목표 상태를 파악하고 후속 논의를 결정하기 위해 밟아야 할 첫 번째 단계를 정한다.

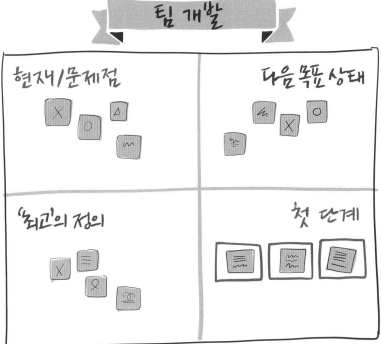

고성과 팀이 되는 지름길 같은 것은 없다.

장점

- 팀원들 개인의 선호도를 알 수 있다.
- 팀원들 간의 역학 관계를 더 잘 이해할 수 있다.
- 피드백을 더 빨리, 더 자주 공유할 수 있다.
- 팀을 활성화하여 고성과 팀을 향해 나아갈 수 있다.

5. 계속 앞으로! 끝은 곧 시작이다

"축하한다!" 드디어 이 책의 마지막 장이다. 이제 새롭게 배운 시각적 사고와 협업 기술을 일상에 적용하여 당신만의 새로운 장을 열어갈 일만 남았다. 직장에서 처음 그림을 그릴 때는 조금 낯설게 느껴질 것이다. 그 결과물을 동료들에게 보여주는 건 말할 것도 없다. 하지만 훌륭한 결과물은 언제나 사소한 시작에서 비롯되게 마련이다. 당신은 이제 막 새로운 시각적 사고자의 씨앗을 심은 것이다. 이제 끊임없는 연습을 통해 기술을 갈고 닦으면서 성장해나가면 된다. 당신은 더 빠르고 더 능숙해질 것이다. 머릿속에 시각적 스위치가 켜지는 것이다. 자신감이 생기면 결과물을 공유하는 걸 시작해도 좋다. 시각적 사고가 자연스럽게 머릿속에 자리 잡아 실제 업무에서도 아무 어려움 없이 당신의 솜씨를 보여줄 수 있을 것이다. 그림을 그려 표현하면 회의에서 더 깊은 인상을 남길 수 있다. 그것이 바로 시각화의 힘이다! 다른 팀원들도 당신을 따라 펜과 연필을 집어 들고 시각화의 힘을 경험하게 될 것이다. 우리와 함께 일했던 몇몇 회사에서는 직원들이 비주얼 씽킹 커뮤니티를 만들어 다 함께 이 필수적인 기술을 업무에 활용하기 위해 노력하고 있다. 일단 공이 움직이기 시작하면 그다음부터는 저절로 굴러가게 마련이다. 비주얼 씽킹의 범위는 빠르게 넓어질 수 있다. 팀 내 시각적 협업에서 시작하여, 경영진을 시각적으로 설득할 수 있는 능력을 지닌 팀으로, 그리고 궁극적으로는 시각적으로 고객들과 함께 새로운 제품을 만들어갈 수 있는 팀으로 발전할 수 있을 것이다. 우리는 이것을 시각적 여정이라 부른다. 이 길을 통해 우리는 우리 모두에게 잠재되어 있는 창의성을 최대한 활용하여 개인과 조직을 강화할 수 있다.

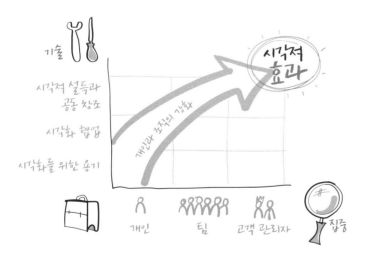

5.1 '불완전'한 팁

연습할수록 실력은 향상된다. 간단하다. 자신감도 커져서 더 많은 청자들 앞에서 그림을 그릴 용기가 생길 것이다. 그렇게 계속 노력하면 정말 큰 시각적 효과를 만들어낼 수 있게 된다.

매일 그리자. 계속 연습하자! 집에서도 그림 실력을 활용할 수 있다. 초대장, 생일 카드, 할 일 목록 등을 만들어보자.

컬러 팔레트를 미리 선택한다. 노란색(고객/목적), 회색, 검은색은 반드시 포함시킨다. 고객이나 회사가 자주 쓰는 팔레트에서 다른 색을 택할 수도 있다.

너무 많은 색을 쓰지 말자. 어린아이가 그린 그림처럼 보이게 된다.

스케치북, 그리고 좋아하는 펜과 마커를 담을 수 있는 예쁜 필통을 사자. 그리고 연습하자(이 얘긴 이미 했는가?). 당신만의 아이콘 갤러리를 만들어라.

공유하자! 업무 상황에서의 시각적 아이디어들을 서로에게 보여주자.

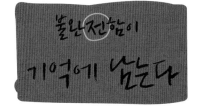

팁 기준을 너무 높게 잡지 마라. 완벽할 필요는 없다. 불완전한 그림이 오히려 기억 속에 오래 남고, 사람들의 참여를 이끌어내어 아이디어를 발전시키기에 좋다.

가장 중요한 것은 소통이다!

쉽게 그리자

회의 전에 플립 차트를 준비하고 테두리와 타이틀 배너를 미리 그려두자. 회의가 끝난 후 혼자 있을 때 회의 내용을 스케치로 기록하거나 시각적으로 요약한다. 그리고 이메일이나 왓츠앱을 통해 회의 참석자들에게 보낸다.

갑자기 '스케치 슬럼프'에 빠졌는가? 말하면서 동시에 그리는 일은 쉽지 않다. 잠시 멈추고 동료에게 물어보자. '당신이라면 어떻게 그릴 건가요?' 동료들의 참여를 유도한다. 각자 포스트잇에 그림을 그리게 한다.

휴대폰으로 사진을 찍을 때는
필터를 사용해서 멋지게 꾸미
자! 아이폰의 크롬 필터도 좋다.
사진을 정사각형 형태로 수정
한다. 이렇게 하면 파워포인트
나 이메일에 사용하기 쉽다. 인
스타그램을 생각해보라!

팁 플립 차트나 스케치북에 그린
그림의 디테일을 확대하여 사
진을 찍어두자.

소셜 미디어에서 영감을 주는 사람들
을 팔로우하자.

#그래픽레코딩
#시각적협업
#시각적사고
#스케치노트
#시각적보고
#손글씨
#그래픽퍼실리테이션
#비즈니스드로잉
#시각적스토리텔링

오피스 렌즈The Office Lens 앱은 사진을 찍을 때 유용하다. 사진을
PDF 파일로 변환하고, A4 사이즈에 맞춘 다음, 흰색이 진짜
흰색에 가깝도록 보정한다.

페이퍼 53Paper 53 앱은 스케치와 드로잉에 좋은 앱이다. 레이어
별로 그림을 그릴 수 있다. 예를 들면 사진 위에 흰색 브러시
로 그림을 그릴 수 있다. (2019년 현재 Paper라는 이름으로 제공
되고 있다. - 옮긴이)

뭔가를 그리고 싶은데 어디서부터 시작해야 할지 모르겠다
면 더 나운 프로젝트(www.thenounproject.com)를 방문한다.

5.2 저자 소개
빌레민 브란트 Willemien Brand

그림과 디자인에 대한 열정을 생업으로 삼은 빌레민은 에인트호번 디자인 아카데미를 우수한 성적으로 졸업한 뒤, ATAG 사에서 산업 디자이너로서 성공적인 커리어를 쌓다가 디자인 스튜디오 뷔로 브란트[BuroBRAND]와 브란트 비즈니스[BRANDbuisness]를 설립했다.

그녀는 디자인계에서 오래 일할수록 비주얼 씽킹이 복잡한 문제를 해결하고, 고용인들의 참여를 유도하며, 기업과 고객 간에 다리를 놓을 수 있는 강력한 도구라는 사실을 깨달았다. 현재 그녀는 전 세계 기업들과 이러한 열정을 공유하며 시각적 커뮤니케이션 혁명을 선도하고 있다.

5.3 도움을 준 사람들
피터르 쿠너 Pieter Koene

중요한 것은
아이디어가 아니라
아이디어를 실현하는
것이죠.

피터르는 16년간 컨설팅 분야에 몸담
아온 비즈니스 전문가로 그중 마지막
13년은 PwC 사에서 일했다. PwC와 손
잡은 주요 고객사의 컨설팅 리드 파트
너로서 경영진과 함께 다양한 전략적,
운영적 사안에서 뛰어난 능력을 발휘
해왔다. 피터르의 전문 분야는 디자인
과 가치 제안 실현, 운영 모델이다. 그
에게 비주얼 씽킹은 데이터를 수집하
고, 문제 해결에 중점을 둔 협업을 촉진
하며, 기회와 혁신적 해결책을 찾아내
는 데 필수적인 도구다. 뉴욕에서 경영
컨설팅 기업 협회가 주는 컨설팅 우수
상을 수상하기도 했다.

마르테인 아르스 Martijn Ars

꿈을 이루려면 팀워크가 필요하죠.

마르테인은 PwC 컨설팅 사의 시니어 매니저로, 공학 석사 학위와 재무학 석사 학위를 지니고 있다. 자격증을 보유한 애자일 스크럼 제품 책임자이자 SAFe 4.0 실무자이기도 하다. 복잡한 문제에 대한 혁신적인 해결책 구상과 디자인적 사고에 능숙한 그는 지난 10년간 금융업계 컨설턴트로서 이러한 능력을 다양한 비즈니스 환경에 적용해왔다. 그리고 고객사와 함께 고객들의 니즈에 더욱 잘 부합하는 가치 제안을 만들고, 코어 뱅킹 과정을 더 빠르게 수행할 수 있는 운영 모델을 도입했다.

피터르 페르헤이연 Pieter verheijen

밀려오는 파도에
휩쓸리기 전에
먼저 올라타자.

10년간의 컨설팅 경험을 지닌 피터르는 PwC의 시니어 매니저로서 고객사가 비즈니스 모델을 혁신하고 미래로 향하는 흐름에 발맞출 수 있도록 돕고 있다. 그에게 비주얼 씽킹은 팀원들이 효과적으로 협업하여 새로운 해결책을 이끌어내는 데 이상적인 도구이다. 피터르는 PwC의 '퓨처 오브 뱅킹'팀 소속으로 시장의 최신 트렌드를 분석하는 데도 적극적이다. 특히 핀테크^{FinTech} 기업들에 관심을 가지고 있으며 비즈니스 모델, 파트너십, 에코시스템 개발에 풍부한 경험을 보유하고 있다.

5.4 감사의 말

이 책을 쓸 수 있도록 용기를 준 BIS 출판사의 비온다[Bionda]에게 깊은 감사의 말을 전한다. 우리 회사의 인턴인 제시카 판 데르 엔더[Jessica van der Ende], 이사벨러 판 에이스던[Isabelle van Eijsden], 소피 드 리터[Sophie de Ruiter]에게도 고맙다는 말을 전한다. 브레인스토밍과 검토 과정에 귀중한 도움을 준 휘호 세리서[Hugo Seriese]와 잉어 더 플라위터르[Inge de Fluiter]에게 도 고맙다는 말을 전하고 싶다. 수많은 방법으로 우리를 도와준 사람들에게 특별한 감사의 뜻을 표한다. 이렇게 훌륭한 팀과 함께하고 있다니 한없이 고마울 따름이다.

헤스터르 나크트헤보런[Hester Naaktgeboren] 아트 디렉터
라우트 로센바움[Laut Rosenbaum] 크리에이티브 콘셉트 개발자
로버르트 파윌뤼서[Robert Paulusse] 뷔로 브란트 디렉터
헤오르헤터 파르스[Georgette Pars] 시각적 사고자
미커 코르더르[Mike Corder] 텍스트 수정

이 책에 실린 일러스트레이션들은 12.9인치 아이패드 위에 애플 펜슬로 그린 것이다. 우리가 사용한 앱은 어도비 일러스트레이터 드로우이다. 아이맥 데스크톱의 어도비 일러스트레이터 CC에 스케치를 업로드하면 이 앱에서 바로 볼 수 있다. 인물들은 어도비 포토샵 스케치 앱으로 그렸다.